# 高校英语教学方法及应用研究

◎文熹萌 洪少贤 著

湘潭大學出版社
XIANGTAN UNIVERSITY PRESS

**本书课题：**

海南省高等学校教育教学改革2023—2024年度委托重点课题“海南职业教育发展现状与前景趋势预测分析”（课题编号：Hnjgwt2023ZD-5）

# 目　录

# 第一章 高校英语教学概述

## 第一节 高校英语教学的内涵与现状

### 一、高校英语教学内涵解读

（一）高校英语教学具有目的性

高校英语教学的目标设置随着阶段变化、领域变化、层次变化而变化。

（二）高校英语教学具有计划性、系统性

高校英语教学具有计划性，主要体现在教师传授学生基础英语知识的过程中，教师在教学之前，会对英语的读音、词汇、语法、阅读、写作等具体知识讲解做好规划；高校英语教学具有系统性，受到多层管辖，教学目标与大纲的设置由专门的部门负责。

（三）高校英语教学的合理性

高校英语教学要采取合理的教学方法和教育技术。在信息技术飞速发展以前，高校英语教学已经积累了众多教学方法与教育技术，信息技术的进步以及互联网的发展，促成了多种有效教学方法的完善，推进了教育技术合理化的进程。

所以，高校英语教学的内涵可以概括为：教师开展系统的、有计划的教学活动，按照一定的目标与计划，借助必要的工具与手段，不仅教给学生正确的英语基础知识，还在其他方面引导学生健康、全面发展。

## 二、高校英语教学的要素解析

### (一)教师要素解析

教师是教学活动的组织者,也是影响教学效果的最重要的因素之一。教师是学生英语学习路上的领路者,要充分认识到自身所承担的责任,要给学生带来好的学习体验,要充分结合学生心理进行阶段性辅导。时代在发展,英语教师也应该摆脱英语教学的局限,转变角色,为英语教学改革做出自己的贡献。

#### 1. 英语教师成为活动的组织者

教学活动与教学效果有直接联系,教师应该成为活动的组织者。教师在活动中应该选择合适的形式,让学生明确自己的活动任务并在活动中获得需要学习的知识。之后,教师要引导学生对自己在活动中的表现进行合理评价,做出总结,方便日后进行调整。

#### 2. 英语教师成为激励者

激励者是教师在以学生为中心的教学中扮演的角色。在以学生为中心的教学中,教师把课堂的控制权基本上移交给学生,自己则引导、鼓励和促进学生学习。激励者这一角色要求教师必须具备广博的知识,以及说服、激励学生的能力。

#### 3. 英语教师成为研究者

每一位教师要真正扮演教师与研究者的双重角色,除了必须具备一定的教育科研能力,还要明确自己的研究方向、研究责任,不断发现问题并解决问题,将教学与科学研究结合起来,从而完成自己的教育教学,并促进教学研究和教学实践的发展。

### (二)学生要素解析

在高校英语教学活动中,学生也是重要的角色,他们与教师一起,共同促进英语教学的发展。因此,我们不仅需要明确教师在英语教学中的角色,还需要明确学生在英语教学中的角色。

1.学生成为英语教学的主体

学生是学习活动中的主体,一切教学活动都应该围绕着学生展开。学生在英语教学活动中的探索,可以帮助学生建立自己的知识体系,也有利于学生在英语学习中拓展自己的眼界。

2.学生成为英语教学的参与者

教师在教学中应激发学生的学习兴趣,激发学生的学习积极性,让学生乐在其中。在学习中,学生应充分思考,积极参与,表达观点,展示个人才能,保持浓厚的学习热情。

3.学生成为英语教学的合作者

英语学习是在师生、生生之间进行的,学习过程也是团队合作的过程。学生在学习中互相学习,彼此促进,共同提高。协商与互助使每个学生都能感受到集体的力量和团队合作的重要性。

(三)环境要素解析

环境对高校英语教学发展有重要影响,高校英语教学的环境不单指学校环境,还包括社会环境。

1.学校环境

学校环境主要涉及班级的大小、教学设施、教学信息、教学资料、英语课外活动、校风班风和师生关系等。学校的教学质量、管理水平以及各项硬件设施对高校英语教学起着关键性作用。

2.社会环境

社会环境主要指经济发展状况、科学技术水平、人文精神、社会群体等对英语学习的态度以及社会对英语的需求程度等。社会因素是影响和制约英语教学的重要因素。英语教学大纲的制定以及课程标准的设置都需要以符合社会对于英语人才的需求等为依据。社会环境因素对教学具有导向作用,是高校英语教学发展的动力。

## 三、高校英语教学现状

### (一)英语基础知识教学现状

1.语音教学现状

(1)对语音教学的内容把握不够

有一部分教师以为,语音教学就是教字母、单词读音、国际音标。事实上,这种观点反映了其对语音教学内容的认识不足。因为语调、重音等同样是语音教学的重要内容。但有的英语教师只关心前面几项内容,而忽视了后面几项内容,这就很容易造成学生发音、拼读尚可,但语调不过关,语流不畅,最后导致学生读不清楚,说不明白,甚至会因为语调错误而引起误解。因此,英语语音教学不能只停留在单个因素和单词读音的层面上,还应在音长、重音、语调、停顿、节奏等方面对学生进行重点训练。

(2)对语音教学的认识不足

对语音教学的认识不足主要表现在两个方面:一是对语音教学的重视不够,二是缺乏对语音教学长期性的认识。

作为语言存在的基础,语音是英语教学的第一关。可以说,世界上所有的语言不一定都有文字形式,但一定有各自的语音。因此,英语语音教学也应该是英语教学发展的起点。然而在实际教学中,一些教师对语音教学并不重视,这一点主要表现为对学生的发音问题(如浊辅音发成清辅音、短元音发成长元音等)不认真纠正,致使学生的语音基本技巧不纯熟,无法快速地将字母和语音联系起来。总之,对语音教学的重视不够直接导致了学生发音不准、语流不畅、语音不地道等问题。

此外,教师还缺乏语音教学长期性的认识。一些教师认为,语音作为一项基础知识，只存在于英语教与学的初级阶段，大学阶段无须再进行语音教学。事实上，语音教学应该贯穿英语教学的全过程。这点常被一部分教师所忽视，导致学生的语音越来越差。高年级学生开口能力反而不如低年级学生。这些问题的产生都和教师对语音教学的长期性认识不够有很大的关系。因为语音是一种技巧性能力，"久熟不如常练"，语音的学习自然就需要经常练习。教师不仅要指导学生练习，自己也要不断地进行纠音和正调。需要指出的是，大学阶段的英语语音教学可不必将重点放在孤立的发音上，而应将语音教学融入语法、词汇、句型、课文教学和听、说、读、写训练之中，结合语境才能使学生的语音正确。

(3)教师语音不标准

教师作为学生学习的榜样，其发音直接影响学生对语音的学习。由于地区差异等，部分英语教师自身也存在发音不准确的问题。还有一些英语教师不能区分英式发音和美式发音。

(4)学生语音练习机会少

大学阶段的语音教学不像初学英语时那样，教师不会再用专门的几节课讲授语音知识。非英语专业的高校英语教学并无专门的语音课，语音是和其他语言知识与语言技能一起进行综合教学的。平均下来，教师分配给语音教学的时间本来就少，而用于语音练习的时间就更少了。这是英语语音教学中的一个显著问题，也是学生英语语音学习效果不佳的重要原因。

2. 词汇教学现状

(1)教学方法单一

词汇是学生学习英语时最常见的要素之一，也是学习中最令学生头疼的问题。很多学生都存在记得快、忘得也快的问题，这与教师词汇教学的方法不好有关联。一些教师依然采用传统的词汇教学方法，即"老师领读学生跟读 老师讲解重点词汇用法一学生读写记忆"。这种教学方法单调、之味，学生处于被动的学习地位，这无疑加剧了学生对词汇学习的抵触情绪，教与学的效果都不会太好。对此,教师必须重视词汇教学方法的更新,要采用多样、有趣的词汇教学方法来调动学生的积极性,培养学生学习词汇的兴趣。

(2)忽视学生的主体地位

学生是学习的主体,其自身的各项因素都直接决定了学习的效果。现代教育观认为,只有突出学生的主体地位,教学才能获得令人满意的效果。然而,这种主体地位在实际的英语教学中仍未得到很好的体现,词汇教学也不例外。词汇教学本应注重对学生智力的开发,重视对学生的观察力、记忆力、想象力、思维能力以及创造能力的培养。而现实状况是,一些教师仍然采用纯讲授的单线教学,将词汇的发音、意思、搭配等知识一股脑儿地灌输给学生,也不管学生需不需要,有没有兴趣,这就导致词汇教学效果不佳。实际上,学生进入大学阶段时,大多有了一定的英语词汇基础,且有能力对相关的词汇规律进行归纳和总结。因此,教师应发挥引导作用,使学生逐渐能够独立思考和总结,发现词汇规律,掌握词汇学习的方法,这样才能使学生的词汇学习事半功倍。

(3)与实际生活联系不够

人们往往对自己熟悉的、与自己有关的事物更加关心。因此,教师也应将词汇与学生生活联系起来,以激发学生的学习兴趣。然而,一些教师仍然采用黑板和口头讲述单词,词汇与实际生活的联系也十分微弱。不能使词汇学习与学生的实际生活联系起来就难以引起学生的词汇学习兴趣,也无法因材施教。

3.语法教学现状

(1)教学方法单一

高校英语语法教学方法单一的问题体现为,一些教师经常使用"先讲语法规则,后做练习"的教学方法。这种教学方法使学生处于被动地接受地位,无法调动学生学习的积极性。学生听的时候似乎明白了,用的时候又倍感困惑。尤其是当几个语法现象一起出现的时候,学生往往就会不知所措。

因此，面对复杂而繁多的语法条目，教师务必要注意教学手段的多样性，深化学生对语法条目的理解和记忆，使学生学会使用语法，而不是单纯地背诵语法规则。

(2)教材与大纲不协调

教材是课堂教学的依据，教材质量的好坏对教学目的的实现、教学方法的选用都有很大的影响。随着社会进步和发展，社会对大学毕业生的要求也日益提高，落后的语法教材显然已经不能适应学生充分交际的需求。它一方面束缚了教师的手脚，另一方面也限制了学生的实际应用能力。因此，作为教学依托和指导的传统语法教材应由交际语法教材取而代之。这有利于使学生能够运用语法提高交际能力。

(3)语法地位降低

语法教学一度在我国英语教学中占据核心地位。一提到英语教学，人们自然而然地想到语法。然而随着在此观点指导下的英语教学弊端逐渐显露，大量淡化英语语法教学的现象也随之显现。有人认为，学生小学就开始学语法，到大学阶段语法学习已基本完毕，无须重复。还有人认为，考试中考查语法的题目较少，分值比重也很少，不值得花费太多的精力去学习。因此，语法教学又一度失宠。事实上，前面两种观点都是失之偏颇的。

(4)学生语法运用能力差

学生对语法的运用能力差主要表现在语法知识的掌握和交际技能的运用之间存在落差。长期以来，传统的英语教学过分注重对学生语法知识的传授，即使到了大学阶段，英语教学也仍以传统的教学方法来进行，通过反复模仿来巩固学生的英语基础知识。因此，学生最后虽然掌握了语法知识，语法规则背得头头是道，却并不具备语法能力，在实际运用中错误百出，以至于学生虽然学了十几年的英语语法规则，但在实际使用过程中的效果却不尽如人意。

### (二)英语技能教学现状

#### 1.听力教学现状

听力教学现状包括机械化教学模式、听力时间不足、教材现状不佳和学生听力基础薄弱。

机械化听力教学表现为教学模式程式化，即大多数教师都采用“听录音—对答案—教师讲解”的模式开展听力教学。这种模式下的听力教学不仅缺乏对学生的有效监督，而且忽视了学生对语篇的整体理解，只是毫无目标地、机械地播放录音，一遍不行就播放第二遍、第三遍，教师盲目地教，学生盲目地听，而且听的时候也不认真，听完就等着对答案，听讲解，并没有强烈的学习动力。

听力水平的提高需要大量的练习做保障，但很多学生课后就将学习抛在脑后，很少主动练习听力，因此听力学习的时间主要集中在课堂上。然而，非英语专业的高校英语听力教学并未独立出来，而是和其他内容一起教授。但一节课的时间有限，而且也不可能全部用于听力教学，因此学生能够听的时间其实很少。听力作为一种综合性技能，它的提高并非一朝一夕能够实现的，这就使学生的听力水平难以提高。

教材对教学活动的组织安排具有很大的指导作用。好的听力教材不仅可以丰富学生的文化素质，还可以拓宽学生的视野。而质量不佳的教材就会对教与学产生种种阻碍。我国部分高校使用的听力教材就存在内容陈旧、编排不合理等问题。这些教材既不能反映迅速变化的时代，也无法体现最新的教学思想和教学方法，因此也难以在听力教学中起到良好的辅助作用。

#### 2.口语教学现状

第一，教学方法滞后。长期以来，我国的英语教学将大部分注意力都放在了语法和阅读教学上,这就导致教师对口语教学的关注不够,口语教学的方法也并未得到及时更新。“讲解—练习—运用”是我国高校英语口语教学的常用方法。这看起来并无不妥,但实际上却将学生置于被动接受地位,学生在没有语境的情况下做大量机械的替换、造句等练习,根本无法有效地提高口语能力。

第二,课时不足。和听力教学一样,口语教学也并未被独立出来进行专门教授,这就意味着口语教学的时间很难得到保证。然而,口语能力的提高通常需要花费大量的时间,进行大量的实践,而教学时间的不足直接制约了口语能力的提高。

第三,缺乏配套教材。有调查显示,适用于非英语专业的高校英语口语教学的教材十分少。大多数英语教材都将口语训练当作听力训练的延展而附在听力训练之后,且内容简短、缺乏系统性。这就很容易使教师和学生轻视口语的教与学。尽管市场上也有一小部分口语教材,但实用性不佳。这些教材要么是专门针对某一专业、领域的口语教材,难度太大;要么是有关简单的问候、介绍、谈论天气日常用语的教材,过于简单。

第四,学生口语能力差,心理压力大。学生在学习英语口语时,难免受汉语的影响,而存在各种各样的问题。例如,有的学生发音不准,影响了语义的表达;有的学生带有地方口音;还有的学生不能正确使用语调、重音等,影响口语表达的标准性。另外,由于缺乏练习,学生也很难将学到的词汇、语法用在口头表达中,因而造成无话可说或不知如何去说的情况。

受传统教育的影响,英语教学的重点通常被放在阅读和写作上,口语教学就被忽视掉了。这就导致学生缺乏口语练习,口语基础薄弱,即使日后意识到了口语的重要性,也不自信。虽然有些学生的口语能力不像他们自己想象得那么差,却仍然不愿意开口说英语。即使有一小部分学生愿意口头交流,也总是带有紧张不安的情绪,担心自己说错。

3. 阅读教学现状

（1）教学观念有误

阅读教学一向是高校英语教学的重点。尽管如此，高校英语阅读教学观念却存在以下两个严重的错误：

第一，将阅读教学混同于词汇教学、语法教学。教师常常过分重视语言知识的传授，抓住一个单词、语法点大讲特讲，阅读教学呈现“讲解生词逐句逐段分析对答案”的定式，忽视了学生对语篇的理解、从语篇中获取信息能力的培养。造成这一问题的根本原因就是阅读教学观念不正确。教师对阅读教学的目标认识不清晰，导致阅读教学成为语法、词汇教学，学生的阅读能力并未得到提高。

第二，将阅读速度等同于阅读能力。有些教师认为，阅读速度加快了就意味着阅读能力提高了，并据此来开展教学活动。事实上，有些学生即使阅读得很快，但理解不佳，有些学生阅读得很慢，理解也不好。因此，阅读速度和阅读能力没有必然关系。阅读的速度应根据阅读目的来确定，配合一定的阅读技巧来实现。若只需要掌握文章大意，就可采用浏览的方式来阅读，不必字字细读。若要掌握某个细节事实，就应先浏览，确定所需信息的位置，然后细读该部分。

（2）教学方法落后

“教师布置阅读任务—学生阅读并做题—教师对答案、讲解”的教学模式已经成为一些教师的固定模式，被不加考虑地一再沿用。这种教学方法的应试性比较高，因而显得十分死板，学生的阅读习惯、阅读技巧等均得不到培养，学生的主观能动性得不到发挥，学习兴趣更得不到培养，阅读教学的效果也不理想。

（3）课程设置不合理

有些学校、教师错误地认为阅读教学是英语教学的附属品，因而对阅读课程教学目标、教学计划的设计不甚在意，阅读教学的课时、课程设计、师资力量以及教学组织得不到保证,直接影响了阅读教学的效果。另外,精读与泛读的课程设置也明显“厚此薄彼”。很多高校从大一到大四都给精读安排很多课时,而泛读则几乎没有。这种重精读、轻泛读的现象加剧了教师和学生对阅读的误解(即学习词汇、语法知识),而由泛读培养起来的阅读技巧则得不到任何发展。

## 第二节 高校英语教学的目标与原则

### 一、高校英语教学的目标

#### (一)帮助学生理解英语

“教师使学生懂英语”这个过程仍然是一个使能过程,但不是使学生掌握技能和学习本领,而是使学生动脑筋,学习语言知识。学生的学习过程不是一个行为过程,而是一个心理过程,教学的中心仍然是学生。在这个过程中,学生是中心,是关键的参与者,而教师只是帮助者和使能者。但是,在此学生不是学会做事,而是要拓展思维活动,获得新的知识。教师的任务是提供学生需要的一定量的知识,这里需要考虑的是“知识”一词。学习语言通常有两种方式:学习语言和学习有关语言的知识,在此,“知识”纯粹是有关语言的特点和运用的知识,掌握语言知识也可以称为懂英语。这意味着学习英语既表示学会有关语言的知识,也表示学会说这种语言。这两种解释实际上代表了两种不同的教学模式。对于第一种模式,学习知识只让学生理解和记忆即可,而不必让学生进行实际的操练和实践,重点是心理活动。对于第二种模式,学生不仅要理解和记忆所学的知识,还要学会实际的语言运用技能,学会将所学的知识运用到实际的语言交际中去。同时,还要学会在一定的文化语境中,即在目标语文化中,从事所要进行的交际活动,掌握语言所要完成的交际功能以及所要运用的语言知识。这样,高校英语教学的目标可以分为两种：使学生学会英语知识和使学生会讲英语。

（二）帮助学生学会英语

“教师使学生学英语”，在教学过程中，学生学习英语，教师帮助他们达到目的。学生是行为者，是教学的中心。教师是使能者，可以采用各种各样的手段来帮助学生学习英语。例如，可使用各种各样的现代化技术和设备来帮助学生学习。教师首先考虑的是学生，就是指导和帮助学生。但现在我们没有考虑学生的任务是什么性质的、是什么样子的，只是想当然地认为学生应该如何学习，也就是说，没有对教学目标进行限定。从教学方法和程序上讲，教师把教学的主体变成学生，教师的角色只是帮助学生达到学习目的，应该说这是一个很大的进步。教师可以让学生自己学，由被动变主动，在此基础上考虑学什么和达到什么目标：使学生学会英语。

（三）给学生传授语言知识

“教师把英语授给学生”的教学过程在此被视为一个物质交流的过程，主要的参与者是给予者和物质，即教师和他教授的语言，而学生的存在是偶然的，他只是被给予的对象。从人际交流的角度讲，教师像赠送钢笔等物品一样，把英语“给予”学生。在这种情况下，教师通常要教给学生他们自认为是“好”的英语，如“标准英语”“文学英语”等。在这一交流过程中，教师处于绝对控制地位，学生则完全处于被控制的地位。所以，学生认为什么是好的无关紧要，因为他们没有发言权。教学的重点是语言，实施者是教师，学生只是受益者，接近情境成分。教学的目标是教给学生自己认为是“好的”或者“美的”英语，使学生学会标准的、高雅的英语。从方式上讲，教师在不停地教，而学生则只能不停地接受。至于学生愿不愿意接受和能接受多少，教师并不关注，教师关注的是学生是否接受。教师通常为自己选择的好的教学材料或者是好的教学方式所陶醉。教师的快乐在于知道学生理解了自己在课堂上所教授的内容并且欣赏自己的课堂表演。

（四）训练学生的英语技能

“教师用英语教导学生”，从人际交流的角度讲，这一教学过程的重点仍然是教师，学生是参与者之一，但只是一个被动角色。学生的参与受到外界因素的影响，受到教师行为的支配，他们没有学习的主动权。但在这一过程中，教师不再简单地像给予学生东西一样把英语传授给学生，而是使学生提高技能，达到训练目标。从课堂内容的角度讲，在这一教学过程中，教师通常提供大量的课堂训练和练习以及大量考试，教学目标是使学生掌握运用语言的技能。

从教学方式上讲，教师主要给学生提供大量训练，开展许多活动，学生是这些活动的参与者和被训练对象。这种教学模式既与传统教学法中教师主导一切的模式相似，也与模式训练法的教学模式相似，学生只是被训练的对象，自己没有主动权，所以难以发挥自身的主观能动性。这是一种结构主义和行为主义的教学模式，教师并不是使学生学习语言知识，而是获得语言技能，但这种技能不是实际运用语言的能力，而是一些语言模式，而且这些模式大部分是一些根据结构主义理论提炼出来的语言结构模式，而不是根据情境语境中的语境模式提炼出来的语言功能模式。

（五）发展学生的意义潜势

“教师使学生成为讲英语的人”，教学过程被看作一个关系过程。教师仍然是使学生能够做某件事情（讲英语）的人，但他不仅仅是使学生能够做某件事情，而是使学生成为一个能讲英语的人。语言被视为一个“潜势”，称为“意义潜势”。教学的目的是使学生掌握这一潜势，使学生会用语言来表达意义。这显然既包括使学生掌握英语知识，也包括使学生掌握英语表达的能力，学会用英语交流。

（六）跨文化交流能力的培养

随着英语教学改革的深入，培养学生交际能力的意识越来越深入人心。但在英语教学实践中,尽管教师在培养学生听、说、读、写等语言技能方面花费了大量精力,但教学效果并不理想。现行的围绕听、说、读、写等语言技能训练所编的教材及所采用的教学方法存在一定问题。严格地说,目前高校英语教学还没有突破语言知识的掌握和语言技能训练的条条框框,学生学到的更多的是英语表面的知识。因此,许多人认为,英语教学仅重视语言技能的训练是不够的,还必须注重对交际能力的培养。实践证明,语言技能的训练不能自然生成交际能力,交际能力的提高还受社会文化能力、语境能力、行为能力等诸多要素影响。因此,要想培养学生的交际能力,英语教学除了传授语言内容和进行语言技能的训练外,还必须努力对学生进行跨文化条件下语言能力、语用能力等的专门培养和训练,以提高学生在特定的社会文化情境中的跨文化交流能力。

培养学生的跨文化交流能力是英语教学的最高目标。英语教学的过程实际上是一种文化适应的过程,一方面,它要求学生把目标语文化也就是英语文化与自身现有知识进行等值条件下的转换;另一方面,又要无条件但又积极地理解、吸收与本国文化不同的信息。由于英语与汉语的巨大差异,学习英语不可避免地会遇到文化差异造成的障碍和困难。为了消除这种障碍,英语教学就必须强化文化教学,即在教学过程中,相应地进行英语语言文化教学。从英语教学的角度来讲,教授语言知识和培养语言技能是前提和基础,而跨文化交流能力的培养是前者的深化和提高;前者是手段,后者是目标。

通过对以上几种教学目标的分析和比较可以发现,英语教学中的目标可以是帮助学生理解英语、帮助学生学会英语、给学生传授语言知识、训练学生的英语技能、发展学生的意义潜势,但英语教学的主要目标是教授掌握英语的技能。英语知识的学习只是辅助的,有利于促进英语学习,但不能代替英语技能的训练。英语教学的较高目标模式应该是综合性的、以发展学生的意义潜势为主,但最高目标应该是培养学生的跨文化交流能力。

## 二、高校英语教学的基本原则

### （一）交际性原则

语言是交际的工具，人们主要通过语言来交流思想、传递信息。交际是在特定语境中说话者和听话者、作者和读者之间的意义转换。由此定义可以得出以下几点启示：①交际包括口语和书面语两种交际形式；②交际总是发生在一定的语境之中；③交际需要两个以上的人参与并产生互动。[①]

学习英语的首要目的就是使用英语进行交际，而英语教学的首要目标就在于培养学生的交际能力。交际能力的核心就是能够运用所学的语言知识在不同的场合与不同的对象进行有效的、得体的交流。因此，英语教学中要贯彻交际性的原则，使学生能用英语与人交流，在教学过程中努力做到以下几点。

1. 充分认识英语课程的性质

英语课是一种技能培养型的课程，要把语言作为一种交际的工具来教、来学、来使用，要使学生能用英语与人交流、获取信息，而不是把教会学生一套语法规则和零碎的词语用法作为英语教学的最终目标。在教学过程中，教、学、用三个方面构成一个有机的、相辅相成的统一体，其中的核心在于使用。因此，教师转变以往陈旧的教学观念，认清课程的性质，是落实交际性原则需首要解决的问题。

2. 创设情景，开展多种形式、丰富多彩的交际活动

语言是交际的工具，而交际的发生总是处于特定的情景之中。情景包括时间、地点、参与者、交际方式、谈论的题目等。在某一特定的情景中，讲话者讲话的时间、地点以及本人的身份都制约他说话的内容、语气等。因此，在英语教学中，要将教学的内容置于一种有意义的情景之中。而且，在

① 王青．中国大学生英语交际意愿的动态变化研究[D]．镇江：江苏科技大学，2021.

一定的情景下学习英语，可以使学生身临其境，提高学习英语的兴趣。因此，英语教学活动要充分考虑交际性的特点，结合教材的内容，尽量利用各种教具，创设与学生生活密切相关的各种情景，进行英语交际训练活动，这样不仅能使学生学有兴趣、学有成效，而且能够做到学用结合。

3. 注意培养学生语言使用的得体性

英语教学的首要目标在于培养学生的交际能力。传统的英语教学只偏重语法结构，而根据交际性原则，学生要具备良好的交际能力，需要能够在适当的时间、适当的地点，以适当的方式向适当的人讲适当的话。这一点与上一点密切相关，创设情景，开展多样的交际活动，如课堂游戏、讲故事、猜谜语、编对话、角色扮演、话剧表演、专题讨论或者辩论等，都有助于学生在创设的情景中充分展现自己，从而培养学生英语使用的得体性。

4. 精讲多练

英语课堂的工作不外乎讲和练两种，前者是指讲授语言知识，后者是进行语言训练。在课堂上，适当讲授一些语言知识是必要的，可以提高学习的效果。就如同学习游泳一样，在下水之前，教师讲解一些注意事项、游泳的动作要领，有助于提高学生训练的效果。但是，英语首先是一种技能，技能只有通过实际训练才能获得。因此，教师必须清楚，讲解的目的是帮助学生更好地使用英语。在语言训练的过程中要针对学生的具体问题给予点拨。这不仅有利于学生语言交际能力的培养，还有助于学生养成良好的学习与思维习惯。在进行了必要的讲解之后，要给学生留出足够的训练时间。

5. 注重教学内容与教学活动的真实性，贴近学生的生活

语言与现实生活密切相关，教学活动的设计与教学内容的选择一定要考虑这一因素。在英语教学中，要把语言和学生关心的话题结合起来，要给学生足够的、内容丰富的、题材广泛的、贴近学生生活的信息材料。另外，教学内容的真实性还要求教材的语言和教师的语言是真实的，也就是说，教材的语言和教师的语言应该是英语国家人们在交际过程中所使用的语言，而

不是专门为教学而编的。

（二）兴趣性原则

孔子把学习分为三个不同的层次：知学、好学和乐学，认为“知之者不如好之者，好之者不如乐之者”。兴趣是最好的教师，是推动学生学习英语的最强有力的动力。学习兴趣是学生积极探求事物并带有感情色彩的认识倾向，它可以使学生在学习活动中变得积极主动，从而获得更好的学习效果。有学者指出，学习兴趣有四大功能：①定向功能。学习兴趣作为影响学习过程的一种非智力因素，其作用是最为明显的，也是最为持久的，它往往决定着学生的进取方向，为学生的学业奠定基础。②动力功能。学习兴趣与人的情感活动密切相关，可以直接转化为学习的动力。当学生对英语学习具有浓厚的兴趣时，学习就不再是一种负担，而是一种乐趣。③支持功能。英语学习是一个漫长而又复杂的学习过程，其间会有许多困难与挫折。学习兴趣有助于学生克服困难、战胜挫折、保持旺盛的精力，对学习起着支持作用。④偏倾功能，人们往往从自己的兴趣出发去审视事物，表现在英语学习上就是每个学生的兴趣不同，其学习的侧重点也就有所不同。有的学生对记忆单词特别感兴趣，有的学生特别喜欢阅读英语文章，还有一些学生特别喜欢英语写作。对于这些侧重点的差异，教师需要因势利导，在学生原有侧重点的基础上，将其引导到全面正确的轨道上来。为了激发和培养学生学习英语的兴趣，教师应该做到以下几点。

1.充分了解学生的生理与心理特点，尊重学生的主体性

学生是学习的主体，是整个学习过程的核心承载者。英语教学要从学生的心理和生理特点出发，改变传统的学习方式，让学生通过体验和实践进行学习。英语课程必须从学生的心理和生理特点出发，遵循语言学习规律，从改变学生的学习方式入手，通过听做、说唱、玩演、读写和视听等多种活动方式，达到培养兴趣、形成语感和提高交流能力的目的，在学习的初级阶段

尤其要如此。

2.防止过于强调死记硬背、机械操练的教学倾向

英语学习需要一定的死记硬背和机械操练的活动，但过多的机械操练很容易导致课堂教学的死板与乏味，容易使学生失去或者降低学习英语的兴趣。为此，应该重视科学设计教学过程，努力创设能满足学生对知识内容、技能实践和学习策略需要的真实情景，以营造能活跃学生思维的教学环境，帮助学生通过各种渠道获取知识，加速知识的内化过程，使学生能够在听、说、读、写等语言交际实践中灵活运用语言知识，变语言知识为言语交际的工具。这样，学生在锻炼交际能力的同时，综合素质也会得到相应提高，学生的学习兴趣才会得到巩固与增强。

3.挖掘教材，激情引趣

教材是英语教学的核心，教师要想最大限度地调动学生学习的积极性，就要在备课时认真地研究教材，挖掘教材中的兴趣点，使每节课都有新鲜感，都有让学生感兴趣的内容和活动。

4.善于发现学生的进步，多鼓励表扬，培养学生的自信心和成就感

对于学生来说，学习兴趣的保持在很大程度上取决于学习的效果，取决于他们能否获得成就感。因此，教师要通过多种激励方式，如奖品激励、任务激励、荣誉激励、信任激励和情感激励等，鼓励学生积极参与、大胆实践，体验成功的喜悦。

5.增强教师与学生之间的交流

一个班级的学生来自不同的家庭，教师要平等地对待每一个学生，对学生充满爱心，通过各种形式与学生进行交流，真心地与学生交朋友，用自己对工作、对学生的热爱去影响学生。实践表明，一个学生对某一门课程喜欢与否，往往取决于对授课教师的态度。另外，教师还要寓思想教育于教学之中，结合英语教学培养学生的道德情感和对英语学习的热情，创设和谐、宽松的课堂气氛，注意保护学生的自尊心。好的情绪在学习中会成为兴趣和

动力，教师在严格要求学生的同时，还要给学生创设一种和谐的学习氛围，通过一个眼神、一个手势、一个微笑或一句赞许的话去影响学生。

6.改变传统的英语测试方式

英语课程的评价应以形成性评价为主，采用平时教学活动中学生常见的方式进行，重视学生的态度、参与的积极性、努力的程度、交流的能力以及合作的精神等。除形成性评价外，学生期末或学年考试可采用口试、笔试相结合的方式。口试主要考查学生实际的语言应用能力，笔试主要考查学生听和读的技能以及写作能力。评价可采用等级制或达标的方式记录成绩，不应对学生按成绩排名或以此作为各种评比或选拔的依据。

7.不要过分强调唱跳的作用

这一点主要是针对英语活动口前的状况而言的。英语教学要充分考虑学生的心理特点，培养学生学习英语的兴趣，使学生能够在轻松活泼的氛围中学习英语。因此，高校英语教师创设了丰富多彩、形式多样的教学活动，例如唱英语歌曲、看英语视频、跳舞等，这些活动都起到了很好的作用。但是在进行这些教学活动的同时我们也应该注意以下两点。

第一，英语教学的目的在于提高学生综合运用英语的能力，唱跳只是手段，而不是目的。不能在英语教学中为了唱歌而学唱歌，为了表演而学表演。一位好的英语教师应该从学生的实际情况和提高学生综合运用英语能力的目标出发。英语教学应该注意实效，不要过多地搞一些形式化的东西，检验英语教学成果的最终指标还是要看学生的英语语言能力，而不是看学生会唱多少英语歌曲、会不会用英语表演节目。

第二，英语学习是一个漫长的过程，是学生逐步掌握英语知识和技能、提高英语实际运用能力的过程，也是学生磨炼意志、陶冶情操、拓宽视野、丰富生活阅历、开发思维、发展个性和提高人文素养的过程。教师既要防止不顾学生的心理特点，机械地套用传统的英语教学方法，只注重讲解，而不注意学生的积极参与，使学生失去学习英语的兴趣；又要防止过分强调对学生兴趣的培养，不注重对学生进行学习意志与毅力的锻炼和培养，使英语教学流于形式，从而导致英语课堂“热热闹闹”、学生英语水平提升不明显的情况。在英语学习的初期，唱跳的教学活动可以起到一定的作用，但是随着学习难度和学生英语水平的提高，唱跳包含的教学内容的局限性就会逐渐显露出来，过分强调唱跳的作用很容易导致教师有意识地降低教学难度，阻碍学生英语水平提高的进程。

（三）灵活性原则

灵活是兴趣之源，灵活性原则是兴趣性原则的有力保障。语言是生活的一个必要组成部分，是一个充满活力、不断发展的开放性系统。语言本身的性质以及学生的自身特点要求教师在英语教学中要遵循灵活性原则。

1. 教学方法的灵活性

英语教学上曾经出现了许多种不同的教学方法和流派，例如语法翻译教学法、视听教学法、交际教学法，等等，每种方法都有其自身的优势与不足，教师应该兼收并蓄、集各家之所长，切忌拘泥于某一种所谓流行的教学方法。英语教学包括语言知识和语言技能两个方面。语言知识包括语音、词汇、语法等内容，不同的语音、不同的词汇、不同的语法项目都具有不同的特点。语言技能包括听、说、读、写四个方面，其中还包括许多微技能。学生的个体差异要求在英语教学过程中，要综合教学内容以及教师自身的特点，创造性地开展多种多样的教学活动，充分体现教学方法的多样性和创新性，使英语课堂新鲜有趣，从而激发学生学习英语的积极性，挖掘学生的潜能。

2. 学习的灵活性

教学方法和教学内容的灵活性可以有效地带动英语学习的灵活性。教师要教育学生努力改变以往死记硬背的机械式学习方法，帮助学生探索合乎英语语言学习规律和符合学生生理、心理特点的自主性学习模式，使学生能够自我导向、自我激励、自我监控；静态、动态结合，基本功操练与自由练习结合，单项和综合练习结合。通过大量的实践练习，使学生具备良好的语音、语调、书写和拼读的基础，并能用英语表情达意，开展简单的交流活动，开发听、说、读、写等综合运用语言的能力。

3.语言使用的灵活性

英语学习的关键在于使用，教师要通过自身带动和影响学生灵活地使用英语。教师应尽可能多地用英语组织教学，用英语讲解、用英语提问、用英语布置作业等，使学生觉得他们所学的英语是活的语言。英语教学的过程不应只是学生听讲和做笔记的过程，还应是学生积极参与，运用英语来实现目标、达成愿望、体验成功、感受快乐的有意义的交际过程。另外，教师还可以通过灵活性的作业使学生灵活地使用英语。作业的布置应侧重于对实践能力的培养，如可以让学生录制口头视频作业，让学生轮流使用英语进行值日报告，用英语陈述和评议时事、新闻等。

（四）宽严相济的原则

所谓的宽与严是指如何对待学生在学习过程中出现的语言错误，也就是如何处理准确和流利之间的关系。英语学习是一个漫长的内化过程，学生从开始只懂母语，一直到最后掌握一种新的语言，需要经过许多不同的阶段，从中介语的观点来看，在各个阶段，学生使用的语言是一种过渡性的语言，它既不是对母语的翻译，也不是将来要学的目标语。这种过渡语免不了会有很多错误，传统的分类方法将错误分为语法、词汇和语言错误。语法错误又进一步分为冠词、时态、语态错误等。这种分类方法主要基于语言形式而忽视了对语言的使用。对于各种错误的分析，是第二语言习得研究的重要课题，因为通过对这些错误进行分析，可以发现学生的学习策略，这些策略正是学生在学习英语的过程中产生错误的原因。第一个原因就是迁移。需要说明的是，许多人都想当然地认为迁移是学生产生错误的主要原因，但是许多研究表明，由母语干扰造成的错误在所有错误中占的比例并不高。第二个原因是过度概括。学生对自己所学的语言结构作出概括，然后创造出一些错误的结构。

对待错误,有两种极端的做法是不可取的。一种极端的做法是把语言错误看得非常严重,“有错必纠”。教师这样做的理由是认为学生一定要学到正确的知识,如果对学生的语言错误听之任之,一旦养成习惯就很难改过来了。结果就是学生在讲英语时,教师往往会抓住学生的错误不放,这样很容易挫伤学生学习英语的积极性,从而使其十分害怕犯错误,久而久之就不敢开口讲英语了。另一种极端的做法是对学生的语言错误视而不见。教师这样做的原因是认为熟能生巧,只要多说就能慢慢自我改正这些错误。这类教师强调的是学生使用语言的流利程度,结果导致学生毫不注意使用语言的准确性。

语言错误是学习英语过程中的必经阶段。出错—无意识错误—出错—意识错误—出错—自我纠正错误,是每一个英语学习者的必经之路,没有这个过程很难练就一口流利的英语口语。因此,要鼓励学生不怕出错,而且要耐心地倾听学生不太标准的英语,并给予纠正。一方面,教师要坚持用正确的语言熏陶学生;另一方面,当学生的语言错误影响到信息的传递时,要进行必要的纠正,从而保证学生以后使用英语的准确性。也就是说,在英语教学过程中,教师应该采取宽严相济的方式。当以交流为目的时,对学生的语言错误采取宽容的态度;当以语法学习为目的时,则采取严格的态度。这样宽严相济,既能保证学生掌握扎实的语言知识,又有利于鼓励学生大胆地使用英语。

宽严相济的原则实际上就是要正确处理准确和流利之间的关系。“没有准确,流利就失去基础”这句话是对的,但是这种说法只是强调了准确的重要性,正确的态度应该是“既要强调准确性,又要重视流利程度”。

(五)输入输出原则

所谓输入是指学生通过听和读接触英语语言材料,所谓输出是指学生通过说和写来进行表达。心理语言学研究表明,输出建立在输入的基础之上。因此,输入是第一性的,输出是第二性的。学生在学习英语的过程中,能理解的总是比能表达的要多。换言之,人们能听懂的,永远比能说的要多;而能读懂的,又比能写的多。我们能欣赏小说、散文和诗歌等优秀的文学作品,但我们自己并不一定能写出来。除此之外,语言输入的量越大,语言输出的能力就越强。也就是说,我们听的东西越多、读的东西越多,表达能力也会越强。克拉申认为有效的语言输入应具备以下三个特点:第一个特点是可理解性。他认为,如果学生不能理解输入的语言,那么这些输入无异于噪声,是不能被接受的。第二个特点是趣味性或恰当性。输入的语言材料还要使学习者感兴趣。要使学生对语言输入感兴趣,最好使他们意识不到自己是在学英语,把其注意力放在意义上。第三个特点是有足够的输入量。目前的英语教学严重地低估了语言输入量的重要性。要习得一个新句型,单靠做几个练习甚至读几段语言材料是远远不够的,还需要数小时的泛读以及多次讨论才能完成。

教师在教学过程中应该注意以下几点:

1.尽可能多地让学生接触英语

要通过视、听和读等手段,多给学生可理解的语言输入,如声像材料的示范和贴近学生日常生活与学习、适合学生的英语水平、具有时代特色的读物等。另外,学生学习的内容不要局限在课本之内,教师应该打破课内外的界限,帮助学生扩大语言的接触面。

2.输入内容和输入形式的多样化

学生接触的英语既要有有声的,又要有图像的,还要有文字的,而且语言的题材和体裁以及内容要宽泛,来源多样。例如,在日常生活中,尤其是在大中城市,每天都会接触到大量英语。比如文具、衣服、电器等上面就有许多英文,如果教师能利用这些,学生可能轻轻松松地就会学到许多英语知识。此外,教师还要尽可能多地为学生提供多种形式的输入。

3.提高接触语言的频度

学习一门语言，接触语言的频度比长度更重要。英语课程要多开设，打好学生的英语基础，每周课程应不少于6节，从而提高学生的英语水平。

4.强调学生的理解能力

只要学生能理解的，就可以让他们听，让他们读。并且，还可以只要求学生理解，而不要求他们用说和写的方式来表达。从教学目标来看，对语言技能应该有全面的要求，但是从教学的方法来看，应该先输入、后输出。

为学生提供的语言材料要符合学生的实际情况，要满足可理解性、趣味性与恰当性的要求。当然，仅仅依靠语言的输入是不可能掌握英语、形成综合运用英语的能力的，还需要通过口语和写作来检验和促进对语言的输入。在增加可理解的语言输入的同时，还要多组织有效的实践活动，这些实践活动应包括一定的模仿练习。学习语言的确需要模仿，问题的关键在于如何模仿和模仿什么。如果只是机械地模仿，只注意语言的形式，并不能保证学生能在生活中真正地使用语言。比如只是要求学生注意语音、语调的准确性，只要求其死记硬背句型结构，而没有使学生真正地了解这些句型结构所表达的含义，学生并不能在课外灵活地使用英语。模仿最好是模拟生活中的真实情景，注意语言结构所表达的内容，这种模仿才是有效的。尤其是在结对练习、小组练习的时候，让学生根据实际情况使用英语，从而真正地掌握英语。英语教学的研究人员还提出，不仅要有“可理解的输入”，还要有“可理解的输出”。

## 第三节 高校英语教学创新分析

### 一、高校英语教学创新的概念

高校英语教学创新是指在教学过程中引进、采用、实施新的理念、理论或方法、手段等，以提高英语教学质量、教学效果和学生综合素质的一种行动。在高校英语教学中,教师面临的挑战越来越多,如何引导学生学习英语,如何衡量学生的学习效果,如何改进教材和教学方法,这些都需要教师进行创新性的尝试。教学创新的出现引起了高校英语教学的高度关注,成为高校英语教学的一个重要议题。

高校英语教学创新的概念是广义的,可以包括教学内容、教学方法、教学手段等。在教学内容创新方面,教师可以适当增加以学生自身为中心的教学内容,加强英语听说能力的训练,并将大量视频和图片等互动性较强的辅助教材和网络资源引入教学中。在教学方法创新方面,教师可以采用以学生为主体的教学方法,如小组合作学习、翻转课堂等,以培养学生独立思考和解决问题的能力。同时,教师也可以适当引入游戏化教学、互动式教学等,以提升教学的趣味性和互动性。

在高校英语教学中,教学创新不只是对传统教学模式的补充。通过教学创新,教学模式更加丰富多样,学生在多元化的学习方式下能更好地掌握知识。此外,教学创新也可以引进外来教学理念和理论,拓展教学思路,提高教学水平。

总之,高校英语教学创新是一个不断变化的过程,需要教师和学生共同努力,密切合作。教师要不断学习和尝试,不断完善教学方法和手段,以保持教学的活力和创新性。学生也应积极配合和参与,提高主动性和探究性,从而获得更好的学习效果。

## 二、高校英语教学创新方法

高校英语教学创新的方法主要包括任务型教学法、探究式教学法、项目式教学法等。

任务型教学法指根据真实的交际需要来确定语言学习任务,让学生在完成任务的过程中学习和掌握语言的教学法。任务型教学法强调以意义为中心,以完成交际任务为目标和动力,以交流、互动、合作等学习方式,让学生在执行任务的过程中充分发挥自身的认知能力，激活其原有的目的语资源，从而获取新的知识和技能。

探究式教学法是指教师通过创设情境和场景，引发学生的疑问，让学生通过自主探究、思考和实践，获得知识的过程。这种教学模式强调学生的积极参与和自主探究，具有很强的启发性和互动性。

项目式教学法是指通过设立项目，让学生在教学过程中参与到实践活动中，完成具体的任务，以启发学生的思考和探索精神，同时培养学生的能力和技能的教学模式。

总体而言，高校英语教学方法的创新需要紧密结合学生的实际需求和专业特点，注重理论与实践的结合，创新教学思路，积极引进新的教学手段和资源，激发学生的主动性和深度思考，推动英语教学的可持续发展和进步。

## 三、高校英语教学创新的影响因素分析

高校英语教学创新的成功实施需要充分考虑各种因素的影响，目前，我们可以把这些因素主要归纳为学科特征、师生特点和社会因素三个方面。其中，学科特征主要包括英语教学的固有特性、学科之间的相互影响以及时代背景等因素，这些因素决定了英语教育在创新方面的可塑性与局限性。在师生特点方面，教师素质、学生需求、学习习惯等都对教学创新的实行有着重要的影响。因此，在实践中，应当根据具体情况采取有利于师生共同成长的教学创新策略。另外，社会背景也是重要的影响因素之一。英语在国际交流中的地位、经济全球化的背景、高校改革的要求等都是推动英语教学创新的外部力量。

在确定以上因素的基础上，我们要进一步分析它们的作用。首先，学科特征会直接影响英语教学的模式与方法。例如，传统的教学模式主要强调口语、听力的实际应用，但是也必须合理地安排分享交流经验、讨论语言文

化背景、阅读与写作等教学活动。其次,教学创新策略要根据师生特点来制定。比如,根据学生个体差异性,采用个性化教学。再次,强化提升教师的教学能力也是很有必要的。最后,推广英语教学创新需依托良好的社会环境,倡导高校社区开放式、共享式的创新,促进教学实践经验的交流与分享。

综上所述,实现高校英语教学的创新需要充分考虑各种因素的影响以及相应的改进措施。因此,高校应不断总结探索具有行动性、可操作性的英语教学创新的途径和方法,提高教师的专业素养与教学能力,挖掘学生的创新潜质,借鉴优秀经验,不断完善教学创新体系,从而推动高校英语教学的改进。

## 四、高校英语教学创新发展趋势

高校英语教学创新是应对当前教育形势和新时代社会需求的重要举措。在当前全球化和信息化的大环境下,传统的教学方法已经不能适应学生的需求和其所面临的挑战,也不能满足高校英语人才培养的要求。因此,高校英语教学创新显得十分必要和迫切。

### (一)采用灵活多样的教学模式

探索多元化的教学模式,如通过建立课程学习社区、优化学生学习策略、开展课程合作学习等方式,来提高学生学习的效率。同时也要重视教学手段的多样化,如采用多媒体、网络技术等现代化手段,将实践创新与科技创新相结合,全方位打造先进、多彩的教育教学模式,更好地吸引和激发学生的学习兴趣和创造力。

### (二)强化综合素质教育

高校英语教育要重视提高学生的综合素质,培养学生的自主学习与创新能力,让学生在语言学习的基础上实现多元化的职业发展,不断提高其素质水平。因此,高校英语教学也要贯彻素质教育理念,注重品德教育、文化教育和智育教育的融合，提高学生的创新能力、批判思维能力和综合运用能力，以体现教学目标的全面性和综合性。

（三）注重个性化和差异化的教学

高校英语教学应以学生为主体，秉持以学生为中心的教学理念，关注学生的学习效果和需要，针对不同人群的学习特点和情况，采取差异化和个性化的教学方法，因材施教，将教育教学与学生的发展需求相结合。

高校英语教学需要更加注重个性化和差异化的培养，提供多样化的学习资源和个性化的教学服务，满足不同学生的需求。同时高校应该加强与各行业和企业的合作，深化实践教学，让学生更好地理解英语在实际应用中的作用和价值，提高学生的综合语言运用能力。

总之，高校英语教育的未来发展方向应该以学生为中心，因材施教，强调语言实际应用能力的培养，借鉴新技术手段，加强实践教学，以更好地适应时代的要求和学生的需求。

# 第二章 任务型教学法及其在高校英语教学中的应用

## 第一节 任务型教学法简述

### 一、任务型教学法的概念

任务型教学法需要学习者在任务活动中应变、决策，充分体现了学生的主体性，因而也有利于培养学生独立思考和分析、解决问题的能力。因此，可以将任务型英语教学法界定为：以英语学习任务为中心的教学方法，它通过用英语沟通、交流和意义创生等方式，使学生执行一系列根据其学习需要而设计的教学任务，让学生通过语意表达完成既定目标，实现真正的跨文化交际。

### 二、任务型教学法的特点

任务型教学与传统的“练习”或通常意义上的“活动”究竟有什么样的本质差别呢？

第一，任务型教学法具有目的性。这里的“目的”具有两重性，一是任务型教学法本身所包含的非教学目的；二是任务型教学设计者所期望任务参与者达到的教学目的，而练习通常只具有教学目的。

第二，任务型教学法通常会产生非语言性结果，而练习总是产生语言性结果。比如，根据所听天气预报的信息决定怎样安排野炊；或根据火车和汽车时刻表，选择哪趟车能方便准时地赶到某地开会。任务型教学完成后所得到的结果是非语言性的，而课堂练习，如用短语造句、用介词填空等，其结果是语言性的。

第三，任务型教学法具有开放性，也就是说，任务型教学法的实施并非有一套预定的模式或途径，或者会达到统一的结果，完成任务型教学法的途径，包括应用的语言是可选择的、不固定的、非限制性的。

第四，任务型教学法具有交际性或互动性。任务型教学法通常是集体性和合作性活动，任务型教学法的实施通常以交际或互动的方式进行，这种互动可以是学生与学生之间、学生与教师之间、学生与输入材料之间的双边或多边互动。

## 三、任务型教学法的教学内容

任务型教学法的教学内容是针对教学目标和学生课内外的实际生活经验和兴趣爱好开发出来的。任务型教学法的教学内容不同于传统教育形式的知识点，而是一些有趣而贴近学生生活实际的任务，如编写一个简易程序、制作一份画报、现场采访等。

任务型教学法的教学内容不仅注重知识点的传授和掌握，更重要的是让学生掌握解决现实问题的方法和技能，以及将所学的知识联系起来，进而促进学生的全面发展。

其中，教学内容还包括一些重点难点问题，教师需要有针对性地给予分析解决。另外，在任务设计中，教学内容的选择也需要与学生的年龄阶段和认知水平、课程目标、重点难点问题等方面相适应。

任务型教学法的教学内容还需要紧密结合所学课程知识，突发重点难点问题，让学生在解决问题的过程中，逐步扩展知识面，并充分发挥个人兴趣和特长的潜力，使得学生们不仅收获学习的乐趣，还能够具备解决实际问题的能力。

综上所述，任务型教学法的教学内容是教师有意设计的，贴近学生的生活实际的任务，该任务往往与所学课程的重点难点问题结合在一起，使得学生不仅能够掌握知识点，还能够在解决实际问题的过程中，不断扩展知识面，全面发展，充分发挥个人的潜力。

## 四、任务型教学法的教学策略

在任务型教学法中，教学策略是非常重要的一环。在任务型教学中，任何教学策略的使用都是为了更好地实现教学目标，提高学生学习效果。

首先，对于任务型教学法的教学策略，教师应该有一个清晰的思路和构思，能够使学生在任务的过程中，逐渐领会任务的内容，从而达到学习的目标。在任务型教学中，教学策略应该具有引导性和启发性，能够引导学生在任务的过程中思考和探索，帮助学生建立正确的学习方法和思维方式。

其次，教学策略需要具有灵活性，能够随时根据学生的情况进行调整。在任务型教学中，学生的个性和特点是非常重要的，教师需要根据学生的不同特点和需求，采取不同的教学策略，从而收到更好的教学效果。

再次，任务型教学法的教学策略应该具有开放性和探究性。在教学过程中，教师应该赋予学生更多的自主学习空间，让学生自己去探索任务的内容和学科知识，从而提高学生的学习兴趣和学习动机。同时，教师应该对学生进行更多的引导和建议，帮助学生更好地完成任务。

最后，任务型教学法的教学策略应该具有实践性和创新性。在任务型教学中，教师应该让学生有更多的实践机会，让学生去实践并掌握任务的内容和技能。同时，教师也应该鼓励学生积极思考，尝试新的方法和思路，从而达到更好的学习效果。

综上所述，任务型教学法应该具有多样性和个性化，要能够在任务中引导学生思考和探索，让学生通过任务的实践，积极掌握真正的知识和技能。

## 五、任务型教学法的实施步骤

### (一)任务前阶段

任务前阶段包括两个小阶段,即任务准备阶段和任务呈现阶段。任务前阶段的目的主要有两个,一是为了激活学生已有的知识资源,帮助学生重构语言系统与思维方式;二是为了使学生具备完成任务所需要的语言知识和文化知识,减轻下一学习阶段的认知压力,从而使学生真正主动学习。

1.任务的准备阶段

任务的准备主要涉及两个方面的内容:

①作为任务参与主体的学生所需获取、处理或表达的信息内容。

②作为任务参与主体的学生获取、处理或表达这些内容所需的语言知识、技能或能力。

在任务准备阶段,还应特别注意两个问题,即语言输入的真实性和任务的难度。任务的真实性,指在英语任务教学中采用的语言教学材料所具有的自然口头语言和书面语言品质的程度。在英语课堂教学中,教师的教学材料既要有语言交际中使用的语言真实性,同时还应具有课程标准指导下的仿制自然交际真实性的特点,这两大特点共同构成了英语课堂环境的语言输入。

英语任务型教学法中任务的难度主要由三个方面决定,即学习的内容、活动的类型、学生的自身因素。

2.任务的呈现阶段

任务的呈现是指教师在学习英语之前,向学生展示需要学生利用英语知识来完成的任务,也就是对任务的介绍。此时,教师应当结合学生的生活或学习经验,创设有主题的情境,以此激发学生的好奇心和学习动机。在这一阶段,教师要做的是为学生提供与话题有关的环境以及思维方向,并在所要学习的新知识与学生已有的旧知识结构之间建立某种联系，调动学生的求知欲，使学生有想学的强烈欲望，满怀兴奋和期待地开始新知识的学习。

在这一环节中，英语教师需要遵循先输入、后输出的原则，也就是说，在激活了学生完成任务所必需的英语知识和英语技能后，再导入任务，这样不仅可以促进学生学习的顺利进行，还可以为下一阶段英语教学的开展奠定基础。

（二）任务中阶段

任务中阶段也就是任务的实施阶段。这个阶段也是学生英语技能的主要习得阶段。在这一阶段中任务的选择极为关键，任务的难度对学生的语言习得水平也具有重大的影响。任务的难度过高或过低都不利于学生的学习，因此，教师要合理选择任务的难度。

在英语教学中出现任务难度过高或者过低的现象很常见，但是教师可以采取一定的措施进行补救。例如，当任务难度过高时，可以利用图表、图像等直观的手段降低任务的难度，除此之外，教师也可以为学生提供讲解，以降低难度；当任务难度过低时，教师可以在简单的任务后面添加其他学习内容，或设计更多具有思维挑战性和判断性的任务。

学生完成任务的形式可以有很多种，如结对子、小组形式、自由组合等，也可以由教师设计许多小任务构成任务链。英语任务型教学法中小组活动是比较常见的一种活动方式。在进行小组活动时，要有明确的个人任务与小组任务。要对学生和教师的角色进行适当的转换。当然，教师要对小组活动进行宏观指导，以使英语教学活动顺利开展。

此外，为了鼓励学生，英语教师也可以参与到学生的小组活动中，这样不仅可以拉近教师与学生之间的距离，还可以在一定程度上缓解学生完成任务时的紧张心理。教师在小组中还可以及时地对学生实施任务的情况进行监督、指导，了解学生掌握英语新知识的程度，并根据具体的情况随时对英语教学策略进行调整,以保证学生任务完成的质量。

（三）任务后阶段

任务后阶段主要涉及任务的汇报和评价。学生在完成任务后可以派出代表向全班报告任务完成情况,代表既可以由英语教师指定,也可以由小组推选,两种方式各有优点。在学生汇报任务时,教师还应对学生进行指导和帮助,促使学生顺利完成汇报。

在各个小组任务汇报完毕后,教师应当与全班一起对任务做出评价,指出各组的优点和不足,并评出最佳小组,让学生在完成任务之后品尝到成功的喜悦,同时认识到自己的不足,并在以后的学习中逐渐完善。在评价过程中,教师不仅要对评价的结果进行评价,还要让学生开展互评,这样有助于提高学生正确、理智地评价自己和他人的能力。对于完成情况好的小组,要给予精神鼓励或适当的奖励。

总之,任务后阶段的意义在于为学生提供一个对任务整个实施过程进行回想和总结的机会,促进学生形成积极反思的英语学习习惯。

## 第二节　任务型教学法的理论基础

### 一、任务型教学法的心理学理论基础

任务型教学法是一种以学生为中心,致力于提高学生的学习效率和能力的教学模式。任务型教学法的心理学理论基础主要包括认知心理学和社会认知理论。

在认知心理学中,任务型教学法主要依赖于学生的主动学习和发现性学习,它将学生视为学习主体,尤其注重学生的自主探究和学习技能的提升。这种教学法在一定程度上可以满足学生的发展需求,能够培养学生主动学习的能力和自我控制的意识,同时也有助于激发学生的主动性和参与性。

社会认知理论则更关注学生与周围环境之间的关联性及其影响，并着重培养学生的问题解决能力和批判性思维能力。在任务型教学法的实施过程中，可以通过社会认知理论的启发式教学的方法，引导学生成为学习的参与者，通过对下一步如何实现任务目标的规划和建议，不断发现和探究任务过程中的问题，应对任务进行调整，最终达到预期的学习效果。

在实施任务型教学法的过程中，教师应审慎设计、创新课程内容和教学模式，从学生的需求和掌握程度出发，将任务设置得有意义、接近现实的情境，通过合理的评估和及时反馈，激发学生的兴趣、提高其学习积极性，使任务型教学法在实际教学中获得更好的应用效果。

总的来说，任务型教学法的实施，使学生可以在个人兴趣与实际需求基础之上，通过实际参与任务，强化个人的学习动机和目标意识，同时也能够加强个人的手脑协调能力、信息加工能力等方面的能力表现，这对于学生的全面发展和提升具有多方面的积极影响。

## 二、任务型教学法的学习理论基础

任务型教学法的学习理论基础是支撑任务型教学法有效实施的重要理论基础之一。学习理论是指关于学习的本质、过程、效果的科学理论，其所支撑的任务型教学法能够更好地实现学生的有效学习。下面将从三个方面介绍任务型教学法的学习理论基础。

首先，任务型教学法的学习理论基础之一是认知心理学。认知心理学的核心思想是人类能够主动地处理信息和知识，人类思考、学习和理解的过程会影响着个体认知结构的形成和变化。任务型教学法注重学生的主体性，通过丰富多彩的情境、情境性任务，可以活跃学生的认知心理，提升学习效果。

其次，任务型教学法的学习理论基础还包括社会学习理论。社会学习理论是指一个人在社会环境中通过观察、模仿、社会交往和经验反馈等方式获取新知识和技能的一种学习方式。任务型教学法强调学生的合作与交流，通过让学生分组、讨论、合作完成任务，可以创造出更具体、更真实、更有趣的学习情境，帮助学生更好地获取知识和技能。

最后，任务型教学法的学习理论基础还应包括形而上学习理论。形而上学习理论指的是学生学习经历对学习物体性质和关系的见识发生变化的整个过程。任务型教学法注重任务设置，在任务的具体寻找、执行、协作等过程中，让学生主动控制自己的学习行为和学习过程，促使学生更好地理解学习对象的性质，适应学习的要求。任务型教学法的学习理论基础强调学生的主体性、探索性和合作性，可以提高学生的学习兴趣，促进学生的学科素养发展。

## 第三节 任务型教学法的任务设计

### 一、任务型教学法的任务分类

在任务型教学法中，任务是教学的核心。任务分类是任务型教学设计的前提和基础。任务型教学法的任务分类可以根据多种标准来进行，其中最常见的分类方法是基于任务的认知层次和难度程度。根据认知层次，任务可分为记忆性任务、理解性任务、应用性任务和创造性任务。根据难度程度，任务可分为简单任务、一般任务和复杂任务。在实际教学中，任务可以根据教材、教学目标和学生需求等因素来分类。在为学生设计任务时，教师需要合理选择任务类型，确保任务的难度和挑战程度与学生的自主学习和思维发展需求相适应。

除了基于任务的认知层次和难易程度之外，任务型教学的任务分类方法还有基于任务的性质和基于学习动机等。无论采用何种分类方法，任务设计都需要基于任务的学习目标和学生的实际需求，并在任务设计的过程中充分考虑学生的个性化需求和学习特点。

## 二、任务型教学法的任务设计原则

在任务型教学法的任务设计中，任务设计的原则是确保任务的真实性和可操作性，体现学生的主体性和赏识性，促进学生自主学习的提升和思维发展，提高任务完成的质量和效果。在任务设计的过程中，教师要确保任务关联到前面所学的知识点和实践经验。任务的设计要逐步推进，从较为简单的任务到具有挑战性的任务，并综合运用各种教学方法和手段，确保任务的难度适中，能够激发学生的学习兴趣并保持学生的参与度。此外，在任务设计中，教师还要利用好任务中的反思环节，引导学生共同思考并提出问题，并帮助学生掌握新的知识和技能。

在任务型教学法中，任务设计是非常关键的一环。任务设计的原则包括以下几方面：

第一，任务应该具有一定的情境性。情境是任务完成的基础，也是任务完成中不可或缺的因素。因为任务通常要求学生在特定的情境下完成特定的任务目标，因此任务设计中必须体现出情境性。

第二，任务应该具有一定的可操作性。可操作性是任务设计中需要考虑的一个关键因素，任务应该根据学生的实际情况进行合理设计，使得学生可以在现有的条件下能够较为顺利地完成任务。

第三，任务应该具有一定的启发性。启发性是指任务需要具备引导学生发现问题、探索问题、解决问题的潜在能力。在任务设计中，教师需要合理地设置任务情境和任务目标，使得任务能够对学生起到引导作用，提升他们的发现和解决问题的能力。

第四，任务应该具有一定的根据性。根据性是指任务应该能够与学生的实际情况、认知水平和能力水平相符合。设计任务时，需要根据学生的实际情况加以考虑，合理设置任务的难度和目标，以确保任务收到的效果。

第五，任务应该具有一定的互动性。互动性在任务设计中是不可或缺的一个因素，合理的任务设计可以促进学生之间的交流和合作，提高学生的参与度和学习效果。

在实际的任务设计中，需要兼顾多个原则，使得任务的设计更加科学合理，能够对学生的学习产生良好的促进作用。

## 三、任务型教学法的任务设计方法

在任务型教学法中，任务设计方法十分重要。任务设计的目的是促进学生学习能力的全面提升，提高学生的自主学习能力和解决问题的能力。因此，任务设计需要根据任务型教学法任务分类和任务设计原则来进行。接下来，将分别对任务型教学法的任务分类、任务设计原则以及任务设计方法进行阐述。

首先，根据教学目标和学生特点，任务型教学法的任务分类包括认知任务、解决问题任务、探究任务、情感态度任务等。其中，认知任务是以获取、处理、理解知识为主要目标，适合于启发学生思维，拓宽学生视野；解决问题任务则要求学生解决实际问题，培养学生实践动手能力；探究任务则是让学生自主探究问题，提高创新思维水平和发现问题的能力；情感态度任务则强调学生的情感教育和态度培养。

其次，任务设计需要遵循任务型教学法的任务设计原则。任务设计原则主要包括任务与学情相适应原则、任务的针对性原则、任务的启发性原则、任务的自主性原则。任务与学情相适应原则是指任务应当根据学生的实际情况，包括年龄、阅读能力、性别、语言水平等来进行设计，以保证任务的完成率。任务的针对性原则则要求教师针对具体的教学问题，设定有具体目标的任务。任务的启发性原则是指任务设计应当具有启发性，能够培养学生的思维能力，激发学生的兴趣，提高学生自主探究和解决问题的能力。任务的自主性原则强调任务设计应当具有一定的开放性和自主性，鼓励学生自主学习。

最后,任务设计方法主要包括问题驱动法、项目制学习法、研究型学习法、案例教学法等。其中,问题驱动法是根据现实生活中的问题设计任务,使学生在解决问题时达到学习目标;项目制学习法则是要求学生在完成项目过程中实现任务目标;研究型学习法则要求学生通过课堂研究等方式完成任务,以提高学生自主学习和创新思维的能力;案例教学法则将学生置于实践环境中学习,并将学生置于决策者或问题解决者的位置。

综上所述,任务型教学法的任务设计方法是要求教师根据任务分类和任务设计原则,选择不同的任务设计方法,从而促进学生全面提升学习能力和解决问题的能力,提高他们的自主学习能力,实现教育的目标。

## 第四节 任务型教学法在高校英语教学中的应用

### 一、任务型教学法在高校英语教学应用中的基本原则

任务型教学法强调学生在真实语境中完成任务,在任务的完成过程中,学生可以运用所学知识和技能,从而提高语言交际能力和语言运用水平。任务型教学法具有三个基本原则,即任务原则、交际原则和合作原则。

任务原则是任务型教学的核心原则,它要求教师在教学过程中,将学生置于真实的交际语境中,以达到培养学生语言能力的目的。通过让学生完成一系列任务,使其在解决实际问题的过程中运用语言、积累语言,并且在完成任务的过程中体验到语言学习的乐趣。这种任务导向的教学方式可以有效地提高学生的语言运用水平,促进学生的语言交际能力的发展。

交际原则是任务型教学法的另一个重要原则。任务型教学法强调学生在任务完成的过程中要能够获得与他人交流的机会,并且学会有效地进行交流。任务型教学法要求学生学习语言的同时,也要学习语言交际能力,以便与他人进行交流和合作。

合作原则是任务型教学法的第三个基本原则,它要求学生之间相互合

作,相互帮助,共同完成学习任务。教师要通过运用不同的合作方式,如小组合作、对等合作等,激发学生的积极性,促进他们的语言学习和交际能力的发展。

任务型教学法在高校英语教学中已经被广泛应用。任务型教学法可以帮助学生在真实语境中完成任务,同时也可以弥补传统教学法在语言实际应用方面的不足。在高校英语教学中,教师可以让学生在小组内或个人完成不同形式的任务,以促进学生对英语语言知识和语言技能的掌握和运用。

在任务型教学法的实施过程中,教师需要结合学生的实际情况,合理设置任务,让学生能够通过完成任务来巩固所学知识。同时,教师还需要注意任务设计的难易程度,确保学生能够根据自己的水平完成任务,从而提高其学习兴趣和积极性。在任务完成之后,教师还需要及时进行反馈,指出学生的不足之处,并给予指导和帮助,以便切实提高学生的语言应用能力和交际能力。

## 二、任务型教学法在高校英语听力教学中的应用

### (一)任务型教学法在高校英语听力教学中的优势

在高校英语教学中,听力是非常重要的一项技能,而任务型教学法则是一种全新的教学方法,具有诸多优势。任务型教学法重视学生在真实情境中的交流和互动,更加注重学生的语言运用能力和实际应用能力。在听力教学中,任务型教学法可以有效地帮助学生提高听力水平,其优势主要体现在以下几个方面:

首先,任务型教学法可以促进学生的积极性和主动性。与传统的听力教学相比,任务型教学注重学生在真实情境中的实际运用,通过制定合适的任务和情境使学生更加积极地投入学习中。学生可以通过任务的完成来运用所学知识,从而增强学习的兴趣和主动性。

其次，任务型教学法可以创造良好的语言环境。任务型教学法强调真实情境的模拟，让学生在真实的语言环境中进行学习，这种学习方式可以帮助学生更好地领悟语言的运用，并且帮助学生建立一种自然而然的语言环境，提升学习效果。

最后，任务型教学法可以提高学生的综合能力。任务型教学法通过任务和情境创造，帮助学生全面提高语言能力，包括听、说、读、写等各个方面，并且可以锻炼学生的思维能力和解决问题的能力。

综上所述，任务型教学法在高校英语听力教学中具有诸多优势。教师可以通过设计合理的任务和情境，帮助学生全面提高语言能力，促进学生的学习兴趣和主动性，在创造良好的语言环境的同时，提高学生的实际应用能力和问题解决能力。

## (二)任务型教学法在高校英语听力教学中的实施策略

### 1.激发兴趣，提高学习积极性

任务型教学方法需要学生参与到实践性的任务中，这可以帮助学生从被动听取到主动运用的转变。在实践性任务的过程中，学生需要去探究问题并主动思考，这可以激发他们的兴趣，提高学习积极性。

### 2.合理选择任务，确保任务的关联性

在任务型教学法中，教学任务要根据学生的英语水平以及任务的难易程度来量身定制。任务应该贴近学生所处的实际生活，富有创意，可以切实地提高学生的英语听力能力。为了确保任务的关联性，我们可以选择和学生平时学习内容相关的任务，这样可以更好地融入现实生活。

### 3.培养学生合作意识和团队精神

任务型教学法中通常需要学生协同完成任务，这样不仅可以培养学生的合作意识和团队精神，还可以帮助学生在交流中进一步提高英语听力技能。教师可以在实施任务中进行适当的引导，让学生有更多的机会去主动

交流。

4.丰富教学手段,激发学生学习兴趣

任务型教学法需要教师积极寻找适合的教学资料和教学手段,丰富教学手段可以满足不同学生的学习需求。丰富、多样的教学手段可以激发学生的学习兴趣和提高教学效果。

5.反馈及时、及时纠错

在任务型教学法中,要求学生反复实践,反复修正,及时给予学生反馈是非常重要的。教师要定期检查学生的任务完成情况,并及时指出学生在任务过程中存在的问题和错误,及时帮助学生进行纠正,以便进一步提高学生的英语听力能力。同时,教师还应该及时与学生进行沟通,及时得知学生对任务的反馈,以便及时对教学计划进行调整。

### (三)任务型教学法在高校英语听力教学中的教学设计

任务型教学法是近年来在高校英语教学领域中备受关注的一种教学模式。在英语听力教学中,采用任务型教学法可以使学生在真实的情境中进行听力练习,将语言学习与生活经验紧密结合,从而提高学生的兴趣和动机。在任务型教学法的指导下,高校英语听力教学中的教学设计也有了很大改变。

首先,任务型教学法强调学生的主体性和参与性,要求学生在完成任务时不仅要听懂听力材料,还要根据任务要求进行思考和表达,从而充分利用语言的作用。因此,在教学设计中,教师需要提供针对性强、充满挑战的听力任务,使学生能够充分参与其中。

其次,任务型教学法强调语言学习与日常生活的紧密结合。在高校英语听力教学中,教师需要根据学生的兴趣和生活实际,制定任务型教学方案,选取实际生活中的听力材料,使学生在听力练习中获得实际的语言运用经验,提高学生对英语学习的兴趣和积极性。

再次，任务型教学法要求教师在教学过程中充分发挥引导作用。在高校英语听力教学中，教师需要精心设计听力任务，考虑任务选择、任务设置和任务完成的过程，引导学生理解、分析、总结听力材料的信息，同时还需要及时纠正学生的语言错误，帮助学生提高听力水平。

最后，任务型教学法注重学生的反馈和评价。在高校英语听力教学中，任务完成后，教师需要及时对学生的表现进行评价，并采取相应措施进行跟进，及时帮助学生解决问题，完善听力训练的效果。

综上所述，在高校英语听力教学中，任务型教学法的教学设计应该充分考虑学生的主体性和参与性，紧密结合语言学习和生活实际，同时要充分发挥教师的引导作用，及时对学生进行反馈和评价，从而达到更好的教学效果。

## 三、任务型教学法在高校英语口语教学中的应用

### （一）任务型教学法在高校英语口语教学中的优势

在当前的高校英语口语教学中，任务型教学法被越来越多地应用于教学实践中。任务型教学法与传统的教学方法相比，其在口语教学方面有很多的优势。

第一，任务型教学法可以使学生更加积极参与进来。任务型教学法注重的是学生自主性学习，教师扮演的是一个指导者的角色，引导学生参与教学活动，并且鼓励学生提出问题、发表看法。在任务型教学法的指导下，学生的积极性会被极大地调动，他们可以更好地融入学习过程之中。

第二，任务型教学法可以促进学生语言能力的全面提升。传统的口语教学方法更加注重语言知识的讲授，而任务型教学法注重学生的语言实践，着重培养学生的口语表达能力、交流能力以及语言运用能力。通过对实践任务的完成，学生将会更好地习得具体语言知识，并将其应用于实际场景中。

第三，任务型教学法可以培养学生的自主学习能力。任务型教学法的

最大特点在于它不仅满足了学生的实际需求，更重要的是，它培养了学生自主学习的意识和能力。在任务型教学中，学生需要自主寻找信息、独立思考问题，并制定解决问题的方法和策略。这样的学习方式能够将学生的主动性和自信心发挥到最大。

综上所述，通过任务型教学法的运用，我们可以明显地看到学生获取知识的效果得到了很大提高，他们更加积极参与其中，语言能力得到了全面提升，自主学习能力也得到了很大的锻炼。这些优势为任务型教学法在高校英语口语教学实践中的应用提供了很好的参考。

### （二）任务型教学法在高校英语口语教学中的实施策略

#### 1. 明确任务目标

实施任务型教学法，首先需要明确任务目标。目标的确立是教学成功的基础，同时也是划定任务型教学范畴的依据。开始执行任务型教学之前，教师应该清楚地了解任务的目的、任务背景、任务要求以及任务完成后的评价标准，这样才能够顺利地引导学生完成任务。

#### 2. 准备充足的资源和材料

任务型教学需要教师准备充足的资源和材料，包括各种听力材料、阅读材料、话题相关的图片、视频材料等。除此之外，为了满足任务型教学的特殊要求，教师还需要准备题目，明确任务的要求，了解学生的需要和特点，充分考虑学生的语言水平、兴趣爱好，以及他们参与任务的能动性。

#### 3. 组织灵活多样的活动

在任务型教学中，教师不再限制学生只能进行书本上的阅读或听力练习，而是允许学生在特定的任务框架内自由创作和表达。任务型教学的活动形式要求教师具备创新意识和多样化的教学手段，教师应结合具体任务特点，设计出多种形式多样的活动，涵盖口语、听力、阅读、写作等多项技能的训练。

4.注重激发学生的潜能

任务型教学的目的是培养学生的自主思考、探究、解决问题的能力，因此应注重激发学生的潜能。教师应该尊重学生的个性和思维习惯，引导他们思考、质疑、探究，激发他们的学习兴趣，使学生在任务完成过程中不断地掌握新的知识和技能，同时提升他们的学习能力。

5.积极引导和帮助学生

在任务型教学中，学生需要在任务的指引下自主学习、创造性地完成任务，这需要教师在教学指导和帮助方面下一番功夫。教师需要在学生开始任务之前对学生进行充分的引导和解释，告诉他们任务的目标、任务的过程、任务的形式，以及任务完成后教师对学生的评价标准等信息，提高学生对任务的理解和认识。同时，在学生完成任务过程中，教师应该注重学生的情感需求，及时表扬和鼓励学生，为他们树立口语表达自信心。

（三）任务型教学法在高校英语口语教学中的教学设计

在高校英语口语教学中，使用任务型教学法能够提高教学质量，让学生更自主地参与学习。任务型教学法的教学设计成为实现上述目标的重要手段。具体来说，教学设计包括任务策划、任务流程的设计以及教师在教学过程中的指导。

任务策划是任务型教学法的核心。在任务策划阶段，教师需要制定具有挑战性的任务，以引导学生发挥自身能力，让他们参与到实践中去。任务的难度需要适中，既不能过于简单，也不能过于困难。此外，任务的内容需要紧密结合课程内容，做好书本与实践之间的衔接。

在任务流程的设计中，教师需要确保任务流程的连贯性和合理性。在教学过程中，教师应该注重任务的引导，让学生在任务中逐步发现问题并解决问题。同时，教师需要在任务中积极引导学生，关注任务完成过程中的交流。另外，教师应该注重学生的反馈，及时总结任务完成情况，对学生在任务完成过程中体现出的不足之处进行引导和纠正。

教师应该注重学生的自主性，鼓励学生表达自己的想法和意见，并激发他们积极参与任务的搜集、整理、运用和分享。同时，教师需要在教学过程中提供足够的授课补充和指导，以此增强学生的语言能力，让学生更好地完成任务。

综上所述，针对任务型教学法在高校英语口语教学中的教学设计的问题，我们应该注重任务的策划、流程的设计以及教学指导的落实，让任务型教学法真正发挥其在高校英语口语教学中的应用价值。

### （四）任务型教学法在高校英语口语教学中的评价方法

在任务型教学法的教学中，评价是一个重要的环节，而在高校英语口语教学中，教师需要使用恰当的评价方法来帮助学生提高口语水平。在任务型教学法中，评价方法主要包括以下四个方面。

首先，教师可以通过听力测试评价学生对任务的掌握情况。这种测试可以通过对学生的对话进行录音，然后让学生在课后听录音，并回答相应的问题。教师可以根据学生的回答情况来评价学生对任务的掌握情况，这样可以让学生了解自己的不足之处，并有针对性地进行练习。

其次，教师可以采用自评和相互评价的方式来评价学生的口语表现。例如，学生完成任务后，教师可以先让他们进行自评，评价自己的口语表现，并根据相应的标准进行评分。同时，教师还可以指定两个或三个学生进行相互评价，这样不仅可以让学生彼此之间互相借鉴，互相学习，还可以培养他们的合作能力。

再次，教师可以采用作品评价的方式来评价学生的口语表现。在任务型教学法中，学生需要通过不同的方式来完成任务，如设计海报、演讲、写作等。教师可以根据学生提交的作品来评价学生的口语表现，这样可以让学生在任务中更好地发挥自己的想象和创造能力。

最后,教师可以采用综合评价的方式来评价学生的口语表现。综合评价是根据学生在学习英语口语过程中的综合表现来评价其口语水平的。教师可以根据学生平时的参与度、任务完成情况、口语表现等方面进行综合评价,这样可以更全面地了解学生的口语水平。

因此,在任务型教学法中,教师可以采用多种评价方法来评价学生的口语水平。只有掌握了合适的评价方法,才可以更好地帮助学生提高口语水平。

## 四、任务型教学法在高校英语写作教学中的应用

### (一)任务型教学法在高校英语写作教学中的优势

任务型教学法在高校英语写作教学中被广泛应用。其最大的优势在于能够提高学生的学习兴趣和积极性,激发他们的自主学习和思考能力。具体来说,任务型教学法能够让学生在实际的语言使用环境中运用所学知识,激发学生学习英语的积极性和热情。

其次,任务型教学法能够帮助学生快速掌握实用性的英语写作技能和策略,因此被广泛应用于高校英语写作教学。通过分组讨论、写作竞赛等形式的任务活动,学生能够掌握具有实际应用价值的写作技巧和方法。

最后,任务型教学法能够帮助学生发现和修正自己在语言使用过程中存在的问题。通过对写作过程的系统分析和反思,学生可以发现自己在语言使用上的弱点,并逐步进行改进,从而提升自己的英语写作水平。

综上所述,任务型教学法在高校英语写作教学中具有显著的优势。通过创设多种实际语言环境、设计多样化的教学任务和活动,任务型教学法能够帮助学生更快速地掌握英语写作技能,提高他们的英语写作水平,塑造积极向上的学习态度。

### (二)任务型教学法在高校英语写作教学中的实施策略

在高校英语写作教学中,任务型教学法以其独特的教学模式和方法,越

来越受到教师和学生的关注和认可，成了一种颇具价值的教学模式。其在高校英语写作教学中的实施策略包括以下四个方面。

1.创设真实的任务情境

任务型教学法的核心在于真实的任务情境，其所设计的任务必须是学生将来可能会遇到的真实情境，如写商务邮件、撰写学术论文等。因此，教师需要通过多种途径和手段，创设一个真实的任务情境，以提高学生的学习积极性和情感投入度。

2.运用多种教学资源

任务型教学法强调的不仅仅是教师的教学，更注重学生的实际学习，因此需要教师充分地挖掘和利用各种教学资源，包括图书馆、网络等，使学生接触到更加丰富、真实的语言素材和信息资源。

3.促进学生合作学习

任务型教学法强调合作学习，教师需要通过合理的组合、分配学生的角色，来推动学生之间的合作。在英语写作教学中，教师可以通过让学生一起参与某一个写作任务，来引导他们互相之间进行协助和交流，以提高创意和写作水平。

4.引导学生自主学习

任务型教学法强调学生自主学习的重要性。教师不仅要发挥导师和指导者的作用，还需要训练学生的自主学习能力，可以通过任务预测、任务分析等方式，让学生更好地掌握语言学习的技巧和方法。

（三）任务型教学法在高校英语写作教学中的教学设计

在高校英语写作教学中，任务型教学法的教学设计至关重要。要让学生能够通过实践来学习，需要一个有意义的任务或项目。教学设计应具备一些基本要素，如任务的目标、任务的资源、任务的指导以及任务的评价等。

首先，任务的目标必须清晰明确。任务的目标需要包括语言技能和实际应用能力的提高。合理的任务目标能够提高学生的学习积极性，使学生更加热爱英语写作，提高英语写作的学习兴趣。

其次，任务的资源应该贯穿于整个教学过程中。通过设置语言输入的环节和语言输出的环节、语言的交流活动，为学生提供充足的资源，提高任务的完成率。

再次，在任务的指导方面，教师应该为学生提供足够的指导。在任务完成过程中，教师不仅是任务的组织者，还是学生的指导者、辅导者和调解者。在学习过程中，教师应该发挥作用，引导学生获得足够的支持，帮助学生克服困难。

最后，任务的评价应该遵循“给出任务—指导实践—明确目标一合理评价”的过程。这样能够确保任务的完成与评价之间的有效连接。

因此，任务型教学法在高校英语写作教学中的教学设计应该确保每个环节都紧密结合，整个过程能够推动学生的学习进步，为学生的英语写作能力提升提供更多支持。

## 五、任务型教学法在高校英语教学中的应用效果及发展趋势

### （一）任务型教学法在高校英语教学中的应用效果

任务型教学法是一种在教育领域中广泛应用的教学方法，它强调学生参与、自主性和实践性，让学生在实现语言任务的过程中来学习语言。在高校英语教学中，任务型教学法是一种新型的教学方法，也被越来越多的教师所应用。

在实践中，任务型教学法产生了良好的效果。首先，任务型教学法能够使学生更好地自主学习，让他们自己去解决问题，独立思考，并让他们在不断实践中逐渐提高语言能力。其次，任务型教学法能够促进学生的兴趣爱好发展，不仅让学生学习到更多的知识，同时也培养了他们的兴趣爱好。最后，任务型教学法能够使教师更准确地把握学生的学习情况，针对不同的学

生进行不同的教育，从而更好地发挥学生的潜能。

（二）任务型教学法在高校英语教学中的发展趋势

任务型教学法作为一种相对较新的教学法，目前已逐渐在高校英语教学中有所应用，并取得了一定的教学效果。随着教育环境和教育理念的不断发展，任务型教学法在未来的高校英语教学中的发展趋势如下：

首先，任务型教学法将更加注重学生学习的实际应用能力。在现代社会多元化、国际化的趋势下，学生需要具备更强的语言应用能力，才能在未来的职业发展中立于不败之地。因此，在任务型教学法的指导之下，英语教师将更加注重培养学生的语言实际应用能力。例如，在教学中，教师可以引导学生进行真实情境的语言交际，让学生在实践中不断提高自身的语言能力。

其次，任务型教学法在未来的高校英语教学中将更加灵活多样化。传统的语法讲解教学方法已经逐渐被大家所熟知。但是，这种传统的教学方法却难以满足学生的实际需求。相比而言，任务型教学法更加注重传授语言技能，注重引导学生自主探究，因此逐渐受到了学生的欢迎。未来的任务型教学法将会更加符合学生实际需求，教学内容的选择、教学方法的灵活应用等方面也都将得到更多的重视。

最后，任务型教学法将更加人性化和个性化。在教学过程中，学生体验是最重要的因素。未来，任务型教学法将更加重视从学生的角度出发，采用学生喜欢的教学方法和教材，使学生能够更好地享受学习过程，更好地掌握所学的英语知识。

因此，未来的高校英语教学中将有更多的教师采用任务型教学法进行课堂教学，同时任务型教学法也将有更为长足的发展。

# 第三章 探究式教学法及其在高校英语教学中的应用

## 第一节 探究式教学法简述

### 一、探究式教学法的内涵

教师选择探究式教学,可以说是满足教学改革实际需要的理想方案。关于探究式教学,述说起来是基于探究这一基本特征而展开的一种教学活动形式,探究式教学主要包括的含义主要有两层:其一,什么是探究;其二,什么是探究式教学。

首先,探究这一词汇,就其本意而言,是探讨和研究的意思。其次,探讨这一词汇的含义就是探求学问、探求真理以及探求本源。最后,探究这一词汇的含义,述说起来就是研讨问题、追根求源以及多方寻求答案和解决疑问。由此可以引申出探究式学习的含义,即仿照科学研究的过程的一种学习方式。这一过程主要包括体验、理解以及获得科学研究能力等。

美国国家研究理事会对探究式教学进行了定义。第一,提出问题。其概念述说起来是指学习者以科学性问题为中心展开的一系列探究活动。第二,收集数据。其概念述说起来是指学习者通过某种方式或渠道,来获取可以支持他们进行解释、评价关于科学性问题的证据。第三,形成解释。其概念述说起来是指学习者根据事实证据形成解释,然后再据此解答科学性问题。第四,评价结果。其概念述说起来是指学习者通过对其他可能的解释进行比较,并使解释与科学知识相联系。第五,表达结果。其概念述说起来是指学习者围绕着提出的解释,进行阐述、论证以及交流。

基于探究的学习,其概念是指学生通过自主参与获得知识的过程,而且它是一种积极的学习过程。探究式学习不是由教师思考好的现成结论,来让学生被动地接受,而是以学生为主体,让他们自己去思考应该做什么、怎么做,因此,我们说探究式学习除了是一种学习方式之外,还是教育教学的一个目标。

探究式教学对教师提出了新的要求,即通过理论来对实践进行指导,基于实践来总结新理论,并不断促进教学得到更好发展。探究式教学具体来讲就是教师引导学生:一方面,引导学生围绕着相关学习内容进行深入探讨;另一方面,引导学生围绕着有关问题展开多方面的研究,寻找出可用于解决问题的相关具体的过程和活动。关于探究式教学的实施,其目的就是使学生在具体学习过程中,能通过自主、能动的方式,实现知识的掌握以及能力的获得,同时获得科学的方法,并且促进学生科学态度和科学精神的培养。

关于探究式教学的实质,述说起来就是在揭示科学结论的过程中,不仅有赖于提出科学结论的方式,还有赖于检验科学结论的结构方式。简单来讲,就是将提出的观念和所进行的实验告诉学生,除了要说明由此得到的资料之外,还要对这些资料转化成科学知识的相关解释进行说明。

## 二、探究式教学的特征

探究式教学的基本特点是不将现成的结论告诉学生,教师为学生提供问题情境,并组织、引导学生自己去发现问题、解决问题。

探究式教学强调直觉思维。直觉思维也叫非逻辑思维,在学习中,直觉思维的形成一般是映像或图形等直接领悟的思维。直觉是发明的工具,在具体分析问题之前,根据对原有知识的总结,对问题直接提出假设性结果或猜想，或是对问题做出大胆预测，对科技创新有着重大作用。丰富的想象力有利于创造思维的形成，学生在探究活动时，教师要时刻关注引导学生的思维，保护学生的个性和想象力，防止过早的语言化和程式化。简单地说，就是教师要鼓励学生相信自己的直觉观点，然后边想边做，试着验证自己的观点。

探究式教学重视学生内在的学习动机。当然，为了唤起学生内在的学习动机，创设问题情境就成了教师必须钻研的工作之一。一线教师不仅要有方法引导学生去发现问题，而且要鼓励学生调动一切已有的知识、利用合理的思维去解决问题。教师设置的这个问题情境好不好，就看它是否能够起到帮助的作用，去激发学生学习的热情，刺激学生原有的学习潜力，点燃他们探索求知的欲望。

### （一）重视师生互动

探究式教学强调学生的自主、合作，注重学生综合能力的培养，并强调学以致用，为学生的终身发展打下坚实的基础，这些都与培养学生的核心素养所追求的终极目标是一致的。探究式教学的基本特征有八个方面，即问题性、自主性、引导性、实践性、研究性、过程性、渐近性和开放性。每个教学特征都为学科核心素养的渗透与落实提供了有利条件。

### （二）重视过程和结果

首先，探究式教学要求教师指导学生，围绕着事物和现象，展开主动地研究，并通过探究过程，来对知识之间存在的内在联系进行理解，一方面实现对知识的灵活掌握，另一方面实现灵活运用知识的目的。

其次，探究式教学要求教师将知识和科学方法二者有机结合起来，基于学生自身的知识，以观察、调查以及假设为代表的多种形式的探究活动，使学生经历收集、分析信息过程，并在其中收获自己的探究结果。通过探究式教学不仅可以培养学生的科学态度，还可以使学生的精神得到培养。

（三）重视知识的运用

关于探究教学，其所具有的基本特点之一就是学以致用，简单来讲就是使学生的运用知识解决实际问题的能力得到培养和发展。通过探究式教学，一方面能实现综合提取知识，另一方面可以实现跨学科解决具有复杂性、综合性，以及涉及面广的诸多问题。

通过探究式教学，可以使学生在掌握知识、运用知识以及解决问题的过程中，既能够更加接近生活实际，又能更加贴近社会实际，从而使学生的实践能力得到培养和发展。

（四）重视学生的探究能力

关于探究教学，在教学实践中，不要求教师主动将问题的结论或答案告知给学生，然后再通过相关实验过程来对结论进行验证，而是要让学生以多种形式的探究活动，来体验获取知识的经验，使他们对新事物的新认识得以顺利构建，并使学生的探究能力得到培养。

探究式教学是一种以多样且复杂的活动情景，使学生获得多角度的、较为深层次知识的教学方法。这种方式有助于帮助学生建立起知识间的联系。因此，探究式教学能够帮助学生更好地以“知识”为中心，展开灵活运用，更好地解决问题。也就是说，当学生的学习是自主的、是积极的，才能使学生的内在动机被充分地激发出来。

（五）重视从学生的已有经验出发

有相关认知理论可以证明，学生的学习是建立在他们已有经验的基础之上的。因此，要想激发出学生在学习方面的积极性和主观能动性，必须从学生已有的知识和具体实际的角度出发，只有这样才能促使学习能够达成预期的教学目标。

## 三、探究式教学的意义

### (一)满足改革者的心理需要

随着教学改革的发展,要求探究式教学除了要能符合教学改革的实际之外,还要能充分满足改革者的心理需要。就当前我国的教学改革而言,其主要包括三个方面的宗旨:首先,要打破传统教学的束缚,即改变那些束缚学生手脚的教学方法以及教学模式等;其次,要遵循现代化教育的观点,即遵循以人为本的观念,最大限度地为学生创造空间;最后,要以教材中包含的基本知识为依据,重视学生创新精神的培养,同时重视学生实践能力的培养。

只要切实做到以上三点内容,教育改革必然就能取得一定的成效。这里所指的改革就是指对新的教学途径和教学方法展开探究。教育改革者在改革过程中的实际需要,可通过探究式教学来进行满足。

### (二)使班级教学更具活力和效力

对于班级教学来说,探究式教学的利用,能使其更具活力和效力。这里所指的班级授课,是弊大于利的,这是因为在科学技术飞速发展的状况下,通过借助远程教育和网络教育,便可实现课堂教学的现代化,班级授课的方式抹杀了学生的个性,阻碍了因材施教的实施。

关于探究式教学的实施,首先,在教师教授方面,要最大限度地减少。其次,在学生自主发展的需要方面,要最大限度地满足。最后,能使学生实现在“活动”中进行学习,在“主动”中进行发展,在“合作”中进行增知,以及在“探究”中进行创新。

### (三)促进教师在探究中“自我发展”,破除“自我中心”观念

关于探究式教学,它除了能帮助教师在探究中实现“自我发展”之外,还能破除教师的“自我中心”观念。就课堂教学改革而言,是具有很大的难度

的,其主要原因在教师身上,一是教师的“自我中心”观念根深蒂固难以改变,二是教师长期沿袭传统的惰性相当顽固。

因此,通过现代教育理念,来对传统教学中的观念进行改变,是难之又难的。而教师要想改变自己的传统观念,首要的就是在实践中采用探究式教学,不但要对自身经验进行总结,还要不断汲取别人的经验,其中,也包括向学生学习。教师的角色在探究式教学的实践中,与传统教学实践中的角色有着很大的不同,主要表现有:由“台前”走到“幕后”,扮演着“导演”的角色。在探究式教学中,教师除了要安排好适当的场景之外,还要能充分激发出学生的学习动机,使学生在教学中,由观众逐渐发展成为实际的参与者。

## 四、探究式教学法的实施原则

### (一)学生主体性原则

在探究式教学法中,学生主体性是一项非常重要的原则。根据这个原则,学生应该成为学习及探究的主体,而不是单纯的听众或者被动的接受者。学生主体性原则的核心是提高学生的探究能力和自主学习能力,鼓励他们在学习过程中积极思考,探索问题,它所倡导的是一种学生主动参与和合作学习的方式。

其中,学生的探究能力是指通过积极思考、独立探究和自主思考的方式,寻找问题的答案的能力。在学生主体性原则的指导下,教师应该引导学生去思考问题,并鼓励他们围绕着问题自主研究和探究,寻找自己的答案。这种学生主导的学习方式能够激发学生的学习兴趣和主动性,培养他们解决问题的能力,使他们不仅能够自主掌握知识,在解决问题时也更加灵活自如。

教师应该提供尽可能多的学习资源和丰富的学习环境,引导学生主动参与。在评价学生学习成果的时候,更加注重学生的思考能力和问题解决能力,而不仅仅是知识点掌握和记忆的数量和质量。同时,教师也应鼓励和促进学生之间的交流和合作,营造一个积极的学习氛围,从而实现学生主体性的真正意义。

### (二)任务驱动原则

任务驱动是探究式教学法的重要原则之一。它强调的是以任务为导向,通过课堂上设计的任务来引导学生进行主动的学习探究。任务在一定程度上对学生的需求进行了限制,使得他们为了完成任务必须动用已有知识和技能去寻找答案。这种任务导向的学习方式可以极大地激发学生的探究欲望,并帮助他们在学习中形成自己的理解和思考。任务驱动能够极大地激发学生的主动性和创造性,使得他们更加主动地投入学习,从而提高他们的学习效率。

任务驱动的实施需要考虑多方面的因素:首先,任务需要明确,不能过于模糊或难以理解。其次,任务需要适当地有挑战性,让学生在完成任务中收获成就感,而不至于感到寡淡无味或无从下手。再次,任务的难度也需要与学生的实际能力相匹配,既不能太简单,也不能过于困难。最后,任务的完成需要有具体的标准和评价方法,帮助学生更好地了解自己的学习成果。

任务驱动也需要结合其他的教学原则一起实施。例如,学生主体性原则强调的是将学生置于学习的中心,从而更好地发挥出他们的主动性和创造性。合作学习原则则是强调学生之间的交流和协作,从而促使学生互相学习和共同进步。任务驱动原则与这些原则相结合可以更好地发挥出探究式教学的作用,优化教学过程。

### (三)合作学习原则

在探究式教学法实施过程中,合作学习原则是至关重要的一项原则。合作学习的核心是建立在合作的基础上,其目的在于促进合作与协作,提高学生的合作意识和团队精神。合作学习可以使学生之间的相互交流更为频繁,每个学生都有机会参与其中,而非只有某些学生参与,从而使学习更加有效。

合作学习是以任务为中心进行安排和实施的,任务的设置是与课程内容紧密相连的,旨在培养学生的分析、解决问题能力和创新能力。在完成任务的过程中,学生们需要相互合作,协同完成任务,他们能够共同探索学习的内容,发现问题,制定解决方案,每个人都能从任务中学到不同的知识和技能。

同时,合作学习的实施也是要基于学生主体性原则的,学生需要参与到课堂中来,在合作学习的过程中,教师要把学生放在主导地位,引导学生负责任务的实施和整个活动的进程,使他们成为学习的主体。在这样的环境中,学生会体验到学习的愉悦和成就感,激发学习的兴趣和动力。

总之,合作学习是探究式教学法中不可或缺的一项原则,它在任务驱动和学生主体性原则的基础上,能够更加有效地助力学生的学习,提高学生的学习效果。

## 五、探究式教学法的实施过程

### (一)任务设计

在探究式教学法的实施过程中,任务设计是至关重要的一环。任务设计的目标是让学生在有限的时间内完成课程中的学习任务,同时也是为了能够让学生积极主动地参与到学习活动中来,从而优化他们的学习效果。

第一,在任务设计时,教师应该首先确认任务的目标和意义。通过明确任务目标,教师能够更加直观地了解所设计任务的意义并将其清晰地传达给学生,这有利于增强学生的学习动力和自主学习的积极性。

第二,任务设计需要注意任务的难度。任务难度应该根据学生的实际能力而定,并且需要与课程的教学目标相匹配。在任务设计时,教师应该注重任务的实施效果和学生的反馈,通过不断调整任务设计来启迪学生的思维和认知,在完成任务的同时提高学生的学习兴趣,使其收到更好的学习效果。

第三,任务设计也需要注意任务的时效性。任务的时效性将任务设计分为长期任务和短期任务。就短期任务来说,应该尽量让学生在规定时间内完成任务,并在完成任务后及时反馈,如此才能帮助学生更好地理解任务意义和提高任务效果。

总之,在探究式教学法的实施过程中,任务设计是一个重要的方面,合理的任务设计有助于提高学生的学习动力和学习效果,教师应该注重任务的目标和意义,在任务难度、时效性上及时进行调整,帮助学生更好地完成任务。

(二)学生参与

探究式教学法是以学生为主体、以任务为中心、以探究为核心的一种教学模式。在实施探究式教学法时,学生的主体性和积极性至关重要。因此,在任务设计中,需要考虑学生的实际情况和兴趣爱好,制定具有挑战性的任务,激发学生的学习兴趣和好奇心,促使学生产生探究问题的欲望。任务设计的关键是如何让任务贴近学生生活、使学生进行体验式学习、启发学生思维等。

在学生参与方面,学生的踊跃参与是探究式教学法的一大特点。它在教学设计上要求提高学生参与度,打破常规的传统学习方式,培养学生主动学习的意识。教师应该设计合适的互动环节和教学活动,让学生真正参与其中,给予足够的时间和空间,让学生自主完成任务和探究问题。例如,可以通过小组互动、讨论课、探究报告等方式,促进学生的交流和合作。

(三)教师引导

在探究式教学法的实施过程中,教师引导是非常关键的环节。教师引导环节不仅要求教师掌握一定的教学技能和策略,还要求教师处理好在教学过程中的角色转变。教师不再仅仅是传递知识的角色，而是变成了学生学习之路上的导航员和协助者。

在任务设计的基础上，教师需要为学生提供关于任务目标、步骤、材料等细节的清晰明了的说明。这些说明应当针对不同层次的学生进行调整，旨在为学生提供恰当的帮助，增强学生的任务完成能力。此外，教师应当与学生沟通任务完成的标准、期望的结果以及评价标准。这些相互契合的制度和准则都为学生的学习提供了更好的保障。

在学生参与的过程中，教师应当及时回应学生的疑问、提供支持和鼓励，并为学生学习过程中的困难指明方向或提供必要的帮助。教师应引导和激励学生产生一种自我意识，使得学生从内心愿意参与学习活动，并不断地尝试、探究，以获取新的思维方式和知识结构。在这个过程中，教师的引导应当具有启发性、鼓励性、内在联系性，并能真正地激发学生的兴趣和求知欲。

教师的引导应当适当地进行交替，从而避免学生的审美疲劳和习惯性的教师依赖。教师的引导不应当影响学生自主学习和思考的能力，而应当以创造性的方式鼓励学生进行自我发现和研究。在任务设计的过程中，教师应当为学生提供特别难度和挑战性的任务，在这些任务的实现过程中，学生可以发挥出自身的能动性。教师的引导应当注重对学生思考能力和自我表达能力的培养，而非单纯的知识灌输。

（四）学习成果评价

在探究式教学法实施过程中，学习成果的评价是至关重要的一步。学习成果评价是一种以学生为中心的评价方式，着重反映学生对所学知识的掌握程度，以及学生在探究式教学过程中所形成的学习策略和思维方法等方面的表现。

学习成果评价主要包括两个方面，评价学生对知识的掌握程度和评价学生学习过程中所形成的学习策略和思维方法。对于掌握程度的评价，可以通过课堂测试、考试等方式进行。评价其学习策略和思维方法，可以通过学生自我评价、小组评价、教师评价等方式来实现。

在评价学生学习成果时，应该强调探究式教学法的特点，即重视学生的主动性和思维能力，不仅要注重学生的知识掌握程度，还要关注学生在实际应用中所表现出的综合能力和创新思维能力。同时，对于不同学生的学习成果应该进行差异化评价，尽可能让每位学生都能感受到自己的进步和成长。

综上所述，学习成果评价是探究式教学法实施过程中不可或缺的一步，其作用是为学生提供反馈信息，同时也是教师了解教学效果、调整教学策略的重要途径。我们应该注重学习成果评价的质量和效果，有效推动探究式教学法的实施和优化。

## 第二节 探究式教学法在高校英语教学中的应用

### 一、探究式教学法在高校英语听力教学中的应用

在高校英语听力教学中，探究式教学法是一种相对较为有效的教学方法。相比于传统教学法，探究式教学法更加注重学生自主探究的创造性和启发性。在探究式教学法的实施过程中，教师会引导学生去积极探究听力材料中存在的问题，这样可以增强学生的学习兴趣，提高其学习主动性。

为了更好地实施探究式教学法，教师可以采取一些措施。首先，在教学过程中，教师应该根据学生的听力能力和实际需要，让学生选择适合自己的听力材料进行学习。其次，教师可以设置一些听力问题，引导学生去探究听力材料中存在的问题，并且教师需要提供一些有效的解决方案。

在实施探究式教学法的过程中，学生需要注重自主学习，积极思考，发挥自己的创造力，并且给予自己一些必要的支撑。例如，学生可以通过多次

听写听力材料或者与同学讨论听力内容等方式提高自己的听力水平。

综上所述，探究式教学法在高校英语听力教学中的应用既有效又可行。教师和学生都需要共同努力，才能取得令人满意的学习效果。

### （一）探究式教学法在英语听力教学中的具体应用

在高校英语教学中，应用探究式教学法可以大大激发学生的学习兴趣，提高听力水平。

首先，教师可以根据学生语言水平和听力难度，选取较为生动、有趣且具有挑战性的听力材料。

其次，以学生为主体，鼓励学生积极参与教学，确保每人有话说，每组都有表现机会，以激发学生对学习的热情，并在学生的个体或小组探究活动的基础上，引导学生进行总结、分享与交流，从而激励学生主动学习英语听力。在具体操作时，可以善用多媒体辅助教学，将图片、短片影像、实景素材等与听力材料结合，激发学生的视听和联想，让学生能够更快、更高效地获取信息。

最后，教师可以利用“任务驱动法”促进学生的学习。比如，通过布置任务解决问题，激发学生的好奇心和求知欲，让学生实现通过听力内容理解问题的目的，从而提升学生的英语听力水平。

总之，探究式教学法在英语听力教学中的应用为学生创造了良好的学习氛围、更好的教学环境以及实践机会，使学生们更好地掌握英语听力技巧，从而更好地学习英语，提高英语水平的同时也培养了学生的探究能力、逻辑思维和团队合作精神。

### （二）探究式教学法在英语听力教学中的效果评估

探究式教学法在英语听力教学中的应用已经被广泛关注和研究，但是对其效果的评估仍然需要更加深入的探究。

首先，探究式教学法的应用可以提高学生的听力技能。学生可以通过亲自探究、发现和理解语言的内在规律来加深对英语听力的理解和掌握。

由于探究式教学法强调的是学生积极参与，所以学生在课程中应更加主动地思考和学习，从而提升听力水平。

其次，探究式教学法的应用可以促进学生的自主学习和合作学习。在课堂上，教师仅仅是引导者，学生才是真正的主角。学生在互相合作、探究和研究的过程中，积极思考、自主学习，不仅能够迅速提高英语听力能力，而且能够培养他们的自主、合作学习能力，这是非常有益的。

最后，探究式教学法的应用可以提高学生的兴趣和动机。学生在参与课堂探究和研究的过程中，能够更好地理解学习内容，提高学习的效率和质量，增加学生的学习兴趣和动机。这对于长期的学习和提高英语水平是非常关键的。

总之，探究式教学法在高校英语听力教学中的应用已经被广泛接受，同时其效果也得到了证实。但是，在实际教学中，教师需要灵活运用这种教学方法，结合具体的学生情况和实际需求，精心设计课程，不断完善教学过程，才能更好地发挥其优势，提高学生的听力水平和英语学习能力。

## 二、探究式教学法在高校英语口语教学中的应用

探究式教学法在口语教学中的应用是非常重要的，因为口语是语言交流的最基本形式之一。为了让学生更加自然地运用英语，我们必须让他们积极参与到口语教学中。探究式教学法的本质是让学生在一定的自主性框架下通过实践去发现和探究问题的答案。探究式教学法在口语教学中的应用的核心理念就是帮助学生通过模拟真实情景，自觉地学习口语知识和技能。

为了实现这个核心理念，我们需要采取一些措施。首先，我们需要让学生获得良好的语言环境，这样才能促进学生的语言输入和语言输出。其次，针对不同的口语教学目标，我们需要设计合理的口语任务，让学生有选择性地应用所学知识。例如，拓展学生的口语词汇量，就可以通过让学生进行单词表述或情景对话练习等形式来实现。最后，我们还可以设置口语互动环

节,让学生在交流中取得成就感,进而提高学生的学习兴趣和自信心。

针对不同的学生特点,我们还需要提供不同的教学资源。例如,针对口语表达能力较弱的学生,我们可以提供更多的口语教材资源,让学生在日常练习中不断提升;对于发音不准的学生,我们可以为他们设计口语练习场景,以适应专业要求的发音规范。

总之,在英语口语教学中,探究式教学法为我们提供了一个极为有效的教育思路。只要我们根据学生的特点和目标,恰当地运用这种教学方法,便可以让学生真正掌握英语口语技能,并能够自如地和外国人交流。

### (一)探究式教学法在高校英语口语教学中的具体应用

探究式教学法在英语口语教学中可以应用于多种形式的教学技巧之中,这种方法在具体的口语教学中,教师可以将学生分为一组或者多组,让学生在规定的时间内完成某种任务,但并不像传统方法那样告诉学生正确答案。实际上,这种方法的核心是让学生利用自己的思维解决问题,逐步提升他们的口语表达能力,教师在这个过程中应适当引导、纠正,让学生更好地感受到问题的关键点。

值得注意的是,在应用探究式教学法的过程中,教师要把握好引导的度,不能让学生束手无策,也不能让学生完全偏离主题。因此,教师应该在定下探讨方向后,给学生提供一些思考的方向,并适时地引导学生逐步深入探讨问题的关键点。

总之,探究式教学法在英语口语教学中具有十分广泛的应用空间,其中最核心的是学生自主解决问题和完成任务的能力。当然,在具体应用中,教师也需要针对不同的情境进行选择和改进。

### (二)探究式教学法在英语口语教学中的效果评估

探究式教学法在英语口语教学中的效果评估方面,我们可以进行一些定量和定性的评价。首先,我们可以通过学生的口语表现来评估探究式教学法对于英语口语水平提高的贡献。这包括对学生口语流利度、准确性、语音语调和词汇量等方面的评估。同时，我们也可以从教师的角度出发，通过考查学生的合作能力、自主学习能力、思维能力等因素，来评估探究式教学法在英语教学中的应用效果。

其次，我们可以通过问卷调查的方式，向学生了解他们对于探究式教学法的认知程度以及对于其口语教学效果的评价。这些问卷可以对学生对于探究式学习法的态度，对于探究式教学法教学效果的认可等内容进行评估。这些评估结果可以为我们提供有价值的参考信息，以便我们更加深入地理解探究式教学法在英语口语教学中的应用。

最后，我们可以通过对探究式教学法在英语口语教学中的教学效果进行实地考察，在教学实践中积累经验并逐渐完善探究式教学法的运用。通过这种方式，我们可以收集相应教学过程的数据，不断优化教学方案，提高其教学效用，为学生的英语口语提高提供更好的保障。

## 三、探究式教学法在高校英语阅读教学中的应用

在高校英语教学中，阅读是一个非常重要的环节。阅读能力的提高不仅能让学生更好地掌握英语知识，还能提高学生的语感和语感的准确性。探究式教学法在阅读教学中的应用越来越受到教育界的重视。

在传统的阅读教学中，学生往往只是被动地接受知识。而探究式教学法则是以发现和探究为主题，让学生更加积极主动地参与到阅读中来，能够更好地调动学生的阅读兴趣。

探究式教学常常要求学生进行小组合作，通过合作的方式来完成任务和达到学习目的。这种合作精神不仅能够提高学生的团队意识和沟通能力，还能够增强学生的自主学习能力和自我管理能力。

因此，探究式教学法在高校英语阅读教学中的应用是非常必要和重要的。学生将会在这种教学方式中得到更加全面、系统、深入的英语阅读知

识，也能够提高学生的自主学习能力和解决问题的能力，达到更好的教育效果。

传统的英语阅读教学模式主要采用的是“师生互动型”教学法，即教师讲解掌握方法，学生单方面接受知识的学习方式。然而，随着教育理念的不断更新和进步，一种新的、更加灵活和具有个性化特点的教学模式——探究式教学法逐渐在英语阅读教学中得到了广泛应用。探究式教学法强调“学以致用”，即在实践中获取知识，培养学生自主、主动探索的学习意识和习惯。在英语阅读教学中，探究式教学法的特点主要有以下几点：

首先，探究式教学法重视学生在学习过程中的自主性和积极性，注重培养学生的阅读实践习惯，能够更好地满足学生学习英语阅读的需求。其次，探究式教学法更加强调思维的创新和灵活，培养学生分析问题、解决问题的能力，提高学生的独立思考和判断能力，更好地适应了现代社会对人才的要求。再次，探究式教学法更加强调“实践”和“体验”，注重学生在阅读教学过程中的互动和交流，培养学生在实际语境中理解和运用语言的能力。最后，探究式教学法可以帮助教师更好地掌握学生阅读过程中存在的问题和难点，更好地提高学生的阅读理解水平。

总之，探究式教学法在英语阅读教学中的应用具有非常重要的意义，它有着独特的优点和特点。探究式教学法不断推动教育教学的创新和进步，为培养具有创新思维、实践探究能力的优秀人才，提供了一种全新、高效的教学模式。

### （一）探究式教学法在英语阅读教学中的具体应用

在英语阅读教学中，探究式教学法的应用是非常有益的。探究式教学法是一种以学生为主体，以探究为核心的教学方法，它能够培养学生的实际操作能力，提高学习效果。探究式教学法重视学生的自主探究、自主学习和自主思考，通过解决问题、探究问题的方法，在学生思考的过程中，既可以提高学生的阅读能力，又可以拓展学生的知识面。

在探究式教学法的具体应用中，教师需要通过设计问题，引导学生对课文进行深入思考，鼓励学生独立思考和自主学习。在阅读过程中，教师可以引导学生注意文本的组织结构、词汇搭配以及句子结构等，从而帮助学生更好地掌握文章的重点信息和核心内容。

另外，教师也可以采用小组合作学习的方式，让学生参与到小组的讨论中，促进学生间的交流、合作和竞争，从而提高学生的阅读积极性。在小组合作学习的过程中，教师还可以适时回应学生的问题，提供帮助和指导，让学生更好地理解文章，并形成自己的思路和观点。

为了在英语阅读教学中更好地应用探究式教学法，教师可以设计实验，探究其在不同情境下的实际应用效果。例如，可以针对不同阅读难度、学生不同英语水平进行实验，以便更好地改进探究式教学法的教学效果。

总的来说，在英语阅读教学中应用探究式教学法，可以激发学生的阅读兴趣和学习积极性，培养学生的阅读能力和思维能力，同时也可以提高教学效果，这是一种非常值得推广的教学方法。

### （二）探究式教学法在英语阅读教学中的效果评估

在探究式教学法的应用中，教学效果是一个非常关键的问题，只有通过对教学效果进行评估，我们才能够更加全面、客观地了解探究式教学法在英语阅读教学中的应用效果，并为教学实践提供科学依据。下面主要探讨探究式教学法在英语阅读教学中的效果评估问题。

#### 1.效果评估方法

目前，常用的评估方法主要有问卷调查法、心理测量法和基于学生成绩的测量法。

其中，问卷调查法是当前应用最为广泛的一种方法，通过对教师和学生的问卷调查，我们可以获得学生对探究式教学法的认知、反应和满意度等方面的信息。而心理测量法主要是通过对学生进行某些心理测验,获得学生对探究式教学法的态度、意见和情感等方面的反馈。基于学生成绩的测量法主要是通过学生成绩的变化来反映探究式教学法的应用效果,主要包括课堂成绩、考试成绩以及学习成就等方面。

2.效果评估结果

通过问卷调查、心理测量和学生成绩测量三种方法对探究式教学法在英语阅读教学中的应用效果进行评估,我们发现探究式教学法在帮助学生提高英语阅读能力、提升学习兴趣、增强学生自主学习能力等方面均收到了良好的效果。此外,采用探究式教学法的英语阅读教学还能够培养学生的探究精神和创新能力,提高学生的跨学科综合能力。因此,探究式教学法在英语阅读教学中的应用是非常成功的。

3.评估结果的启示

评估结果的启示告诉我们,在英语阅读教学中应用探究式教学法可以帮助学生更好地掌握知识,提高学生的学习能力,还能够培养学生的创新能力和探究精神,提高学生的综合素质。因此,我们应该大力推广探究式教学法,让更多的学生受益于此。

## 四、探究式教学法在高校英语写作教学中的应用

### (一)探究式教学法在英语写作教学中的概念和特点

在高校英语写作教学中,探究式教学法一直是备受教育工作者关注的教学方法。探究式教学法是指引导学生自主探究知识、互动合作、实践操作的教学模式,其重点在于学生的探究过程,而不是结果。这种教学法强调学生的自主性和主动性,可以激发学生的学习热情和学习兴趣,并且可以激发学生的创造性思维。在英语写作教学中,探究式教学法具有以下特点:

探究式教学法是一种以学生为中心的教学模式。在这种教学模式下,

教师和学生的角色、定位发生了改变。教师不再是单纯的知识传授者，而是扮演着指导学生探究的角色，在学习过程中引导学生发现问题、解决问题，同时注重挖掘学生内心的潜能，培养学生的自学能力和自主思考能力。

探究式教学法具有强烈的互动性。互动是探究式教学法的核心要素之一，可以增加学生之间的合作性和紧密性，同时也可以增强学生与教师之间的互动。在英语写作教学中，可以采用小组讨论、分析、互相检查作文等方式，增加学生之间交流的机会，从而让学生在有效的互动和交流中获得知识和灵感。

探究式教学法注重实践操作。写作是一项需要实践的技能，因此探究式教学法在英语写作教学中的实践非常重要。在探究式教学法中，学生需要结合一定的学习任务，进行课程思考、写作实践等操作，通过自主探究的学习方式，提高写作能力。这种写作方式不仅可以为学生提供更多的操作经验，还可以促进学生的思维模式转变，取得良好的学习效果。

探究式教学法具有巨大的创造性。这种教学法可以激发学生的创造性思维，因为探究式教学法注重的是学生的主动性和自主性，能够提高学生的思维能力和创造力。在英语写作教学中，通过学生的自主思考、自主解决问题和自主完成写作任务等方式，可以激发学生的创造性思维，迅速提升学生的写作水平。

综上所述，探究式教学法在英语写作教学中有明显的优点，这种教学法不仅能够提高学生的写作能力，而且能让学生受益终身。

### （二）探究式教学法在英语写作教学中的具体应用

首先，教师可以通过引入问题，让学生去探究和研究问题，然后根据问题的实际情况，让学生进行论证、分析和解决问题。教师在整个探究过程中扮演引导者的角色，只有在必要的时候才介入，更多地让学生在合作中完成任务。通过这种方式，学生能够真正地探究和质疑问题，提高实践能力。

其次，教师还可以通过举例、模拟操作等方式，让学生进行写作训练。通过训练，学生可以优化自己的写作技能，提高写作水平。教师在这个过程中不断地引导，让学生充分了解写作的基本要素，培养写作的兴趣和能力。

最后，教师在探究式教学法中要注意评价的问题。在教学过程中，教师不仅要考查学生的知识掌握情况，还要了解学生的思维方式，创造力、批判性思维等。通过科学全面的评价，教师能真实、准确地了解学生的学情，以便更好地实施教育教学。

总之，探究式教学法作为一种良好的英语写作教学方法，应该得到充分应用。教师应该在教学实践中不断完善探究式教学法，提升英语写作教学水平。

（三）探究式教学法在英语写作教学中的效果评估

探究式教学法在英语写作教学中得到广泛应用，但其实际效果却鲜有评估研究。探究式英语写作教学通过激发学生自主学习和自我探究的兴趣和能力，提高学生对英语写作的积极参与和学习热情。下面将对探究式教学法在英语写作教学中的实效进行评估。

首先，通过对学生学习成绩的评估，探究式英语写作教学方法优于传统讲授式教学方法。在探究式教学法的实施下，学生的写作技巧有了明显提高，相关成绩也相应地有所提升。学生在使用探究式教学法进行英语写作学习时，能够更加主动地参与课堂，并在探究性学习中逐渐形成独立思考和解决问题的能力。

其次，探究式教学法能够激发学生的写作兴趣和动机。相对于单纯的传输式教学，探究式教学更加注重学生的积极参与，探索知识的过程也是对学生思维创新能力的极大锻炼，从而使学生的学习动机得到了显著提升。探究式教学法让学生在真实的环境中进行写作探究，这样的写作更具有现实意义，更容易激发学生的兴趣。

最后,探究式教学法不仅能够提高学生的写作技能,还能够加强学生的团队合作能力。在探究式教学的过程中,学生通常需要与同学们共同合作完成一些探究性任务,这样的合作形式可以促进学生之间的相互交流和合作,从而提高其团队合作能力。

综上所述,探究式英语写作教学法是一种高效的教学方法,在提高学生的写作技能、增加学生的写作动机和提高学生团队合作能力方面,具有显著优势。但是,我们还需要进一步进行实践探究,不断优化探究式教学法,以便更好地应对学生的实际需求。

## 五、探究式教学法在英语教学中的优缺点及发展趋势

### (一)探究式教学法在英语教学中的优缺点

在英语教学的实践中,探究式教学法有着诸多优点。第一,探究式教学法可以激发学生自主学习的积极性。在探究式教学中,教师只是起到指导作用,学生需要自主探索、自主学习,这种学习方式可以提高学生的自主学习能力,增强学生的学习兴趣和学习动力,使学习成为一种自觉和有意义的体验。第二,探究式教学法可以促进学生的协作学习。在探究式教学中,学生需要主动地去交流、合作,从而促进了学生之间的协作学习和信息交流,培养了学生的社会交往能力和团队合作精神,与现实社会的需求相符。第三,探究式教学法可以培养学生的思考能力和批判性思维能力。在探究式教学中,学生需要根据问题分析信息,对不同观点进行审视和评价,从而对知识和观点形成自己的理解和判断,培养了学生的思考能力和批判性思维能力,并提高了学习效果和质量。第四,探究式教学法可以符合现代教学的理念。在当今信息爆炸的时代,知识不再是一成不变的,而是不断更新、发展、变化的,探究式教学法强调学生主体地位,具有发掘学生潜能、培养学生终身学习的思路。它是一种不同于单一传授知识的教学方式,符合发展教

育观、贴近时代前沿。第五，探究式教学法能够促进学生主动参与其中，注重发现问题、解决问题的能力，使得学生在学习过程中能够体验到创造和挑战的快乐。探究式教学法能够激发学生的学习兴趣，增强学生对学习内容的掌握度，提高学习效果。此外，探究式教学法能够提升学生的批判思维能力，培养学生独立思考、分析问题的能力。

然而，探究式教学法在应用中也存在一些不足之处。首先，探究式教学法需要教师具有较高的教学水平和丰富的教学经验，这对于一些教师而言或许是一种限制。其次，探究式教学法需要学生具备一定的自主学习能力，如果学生的自主学习能力不足，这种教学方法的效果可能并不理想。最后，探究式教学法在组织和安排上也有一定的难度，如果课堂组织不到位，则可能会使教学效果大打折扣。

（二）探究式教学法在英语教学中的发展趋势

随着信息时代的到来，我们的生活环境发生了巨大的变化，而英语作为一种全球通用的语言，其在现代社会中的地位越来越重要。在这样的背景下，探究式教学法在英语教学中的应用也变得越来越普遍，其未来发展趋势也备受关注。

首先，探究式教学法可以被应用于更加丰富的教学场景中。例如，在英语口语教学中，教师可以通过课外阅读或描述图片、视频等活动，引导学生进行探究式学习。

其次，探究式教学法可以与其他教学方法相结合，如任务型教学法、合作学习法等。通过探究式教学法与其他教学方法的有机结合，有助于提高教学效果，使学生更好地掌握英语知识和技能。

最后，探究式教学法还可以被应用于线上教学中。随着在线教育的不断发展，探究式教学法在线上教育中的应用将会更加普遍。

# 第四章 项目式教学法及其在高校英语教学中的应用

## 第一节 项目式教学法简述

### 一、项目式教学法的内涵

首先，项目式教学法注重学生的实践操作和任务驱动，着重培养学生的实践能力，通过让学生参与到具体的实践活动中来完成学习任务，进而启发学生的思考和激发学生的学习兴趣。

其次，项目式教学法遵循以学生为主体的教学方向，强调"以学生为中心"的教学模式，要求学生在项目完成过程中主动参与到课堂教学中来，学生可以自主选择操作方法和手段，以提高学习的效果。

再次，项目式教学法以问题为导向，要求学生在教学过程中解决具有现实意义的问题，有助于促进学生的创新思维和探究精神。

最后，项目式教学法以合作为核心，着重培养学生的合作精神、社会责任感和团队合作能力。

### 二、项目式教学法的主要特征

项目式教学法是一种以学生为主体，以项目化为学习方式的教学方法，其最大的特点是注重培养学生在项目完成过程中的动手能力和实践能力，强调学生学习的自主性和探究性。

（一）强调跨学科、综合性学习

项目式教学法注重跨学科的学习体验，在项目式教学过程中，学生会接触到来自不同学科的知识，并且需要将这些知识进行整合和应用，以便更好地完成项目任务。

（二）强调学生学习的自主性和探究性

项目式教学法强调学生的主体地位。在这种教育方法下，学生需要自主研究、探究问题，并通过合作完成任务。学生的互动和讨论在其中发挥了重要的作用。

（三）依靠技术手段，提高教学效率

项目式教学法强调使用技术手段辅助教学，通过多媒体等方式对信息进行传递，可以充分挖掘和利用信息资源。同时，利用技术手段，可以减少教师耗费在学科知识讲授上的时间，从而更多地关注学生的实践性操作和互动式学习。

（四）创新性强，注重个性化差异化发展

项目式教学法鼓励学生发挥想象力和创造力，在完成项目任务的过程中，为学生提供了充分的发挥空间。同时，可以根据学生的兴趣、特长等特点进行不同的分组或角色扮演，充分发挥每个学生的长处。

（五）注重社会适应性和实践性

项目式教学法鼓励学生通过实践性任务，增强自身的适应性和解决问题的能力。在项目式教学法的实施过程中，学生需要完成与社会相关的真实任务。如此一来，学生不仅可以增强自身的实践能力，还能将所学知识应用到实际生活中，从而更好地适应未来的职业生活。

总之，项目式教学法是一种具有很多特点的教学方法，也是目前越来越受到重视的一种教育方法。在实施过程中，教师应该更加注重学生的实践能力和自主性，促进学生的全面发展。

## 三、项目式教学法在高校英语教学中的必要性与可行性

目前，高校英语课堂虽然会穿插小组活动，但是收效甚微。其主要原因大概有以下几个方面：①活动设计不够灵活、科学，不能激发学生的学习热情。②活动要求不明确，导致成果流于形式而忽略了活动促进英语学习的主要目的。③评价体系不够完善，使得有些学生在小组中消极怠慢，最终使小组活动逐渐成为小组内个别学生的独角戏。久而久之，大多数学生在课堂活动中并不能获益，逐渐失去参与活动的兴趣，甚至将其视为负担，对整个英语学习都产生消极心理。

另外，高校英语课程学时在不断缩减，而课程单元所涉及话题的领域比较广泛，内容量也相当庞大，只有帮助学生培养英语学习的热情，增强学生的自主学习能力，细化学生课后应用能力，才能保证教学效果。

将项目式教学应用在高校英语教学中，既符合高校英语的课程特点，也能满足“高校英语”教学指南对学生语言运用能力和综合素质培养的要求，同时也符合课程思政对提升大学生价值思辨能力的要求。尤其是在口语课堂上，项目式教学的优势更加明显。首先，英语口语的主要目的是沟通与交流，是通过英语理解信息、传递信息、论证观点等。英语口语的话题及内容也通常是与学生生活、学习相关的，是需要真实情境参与的，而项目式学习中的任务驱动或者问题驱动也正是以解决真实有效的任务和问题为基础的。其次，在英语口语学习中，既强调语言知识，更注重语言能力，而语言能力的培养更依赖于学生学习的主动性。让学生围绕学习内容开展项目活动，制定项目目标，一方面可以调动学生学习的积极性，更能为学生创造语言使用的环境。同时，为追求更满意的项目成果，学生会合作交流、积极探索，发掘更多语言资料，拓展课堂知识并进行深度学习。在这一过程中，学

生会获得语言表达能力和探究式学习能力的双向提升。更重要的是,学生一旦掌握了项目式教学的步骤,便可以围绕单元话题自主开展项目活动,并在课堂外完成项目成果,课堂只是学生分享设计、探讨想法、寻求帮助和建议、分享成果的场所,从而让课堂变得高效。

## 四、项目式教学法的实践应用与流程设计

### (一)项目式教学模式的实践应用分析

#### 1.熟悉项目式教学

项目式教学在高校英语课堂的应用中,往往需要结合高校英语教学的课程特点,针对不同的教学内容和学生情况进行合理的流程制定与教学方法的分析,因此首先需要做到的便是对于项目式教学的深入了解,熟悉项目式教学的各种流程与应用模式。为此,在教学课程正式开始之前,需要对学生进行初步的教学模拟实验,帮助学生更好地适应项目式教学方法带来的改变,并尽可能地帮助学生了解项目式教学法的优劣,以便于保证学生能够在教学实践中更好地配合教师的教学设计,进而保证项目式教学法的效果。

#### 2.实施项目式教学

在熟悉项目式教学的流程和具体内容后,教师和学生需要能够根据教学内容进行最后的协商,并最终确定项目式教学的主题和教学形式,并提前让学生了解相关实验流程,以便于更好地实现项目式教学的目标。学生在项目式教学中需要以项目小组的形式参与到教学过程中,同时针对项目式教学所提出的具体教学内容和问题,针对性地进行文献资料查阅,并通过网上调查和问卷调查等方式对项目式教学的问题进行多种形式的研究与分析,并及时提出相关问题的解决办法,最终才能够更好地以书面报告和演讲话本等方式进行成果展示。除此之外,在每个学期需要制定的项目多少需要根据学生情况进行充分分析,但尽量不要少于四个项目,项目的主题和题

材也应该以教材中的话题为基础,进行充分探究与多方位的分析。同时,还需要做到尽可能地保证每个单元的教学流程相同,以便于更好地避免由于教学流程差异而造成的各种教学问题。

(二)项目式教学流程设计分析与探究

综上所述,针对项目式教学模式的流程设计,本节以实际应用案例的方式对项目式教学进行了总体性的阐述与分析。

1.选定项目主题

项目式教学的核心问题便是如何确定项目主题的选择,项目主题的选择与设定需要针对教学内容进行充分的考量与分析,以《高校英语(三)》课本第二单元的两篇课文为例,两篇课文均无例外地谈到了代沟的话题,代沟的含义是什么,是什么原因产生了代沟,代沟的存在又对人们的生活有什么影响,化解并弥补代沟所带来的影响的方式有哪些?针对这些话题,教师可以综合分析与判断并设定一个重要的主题,这个主题需要能够更好地激发学生的学习兴趣和积极性,并让学生能够有话可讲,为此需要尽量保证话题的新颖性和普及性,及选择学生比较熟悉的话题进行深入探究。此外,想要适当地增加学生学习的挑战性,可以选择一些相对陌生且不容易讲透的话题进行讨论分析。而“代沟”一词正是能够起到上述作用的话题因素,因此在教师与学生的商讨后确定了“代沟”这一项目式教学的主题,学生围绕相关话题进行了资料和文献的查阅,并最终形成了一份教学内容报告与实践成果展示PPT。

2.设立项目小组

在选定项目主题后,需要针对项目主题和教学内容进行项目小组的选择。在设立项目小组时需要根据不同学生的特点进行综合分析,尽量将每组人数控制在四人到六人,并在分组后能够根据不同小组成员自身的特点进行明确分工,从而能够更好地发挥不同小组成员自身的特长,以便于更好地提升学习和工作效率,并最终确保项目成果的质量和完成的水平,保证项目目标的实现。而在这之后,还需要针对小组成员进行明确的项目进度规划,以便于能够更好地保证项目完成的时效性。同时在进行项目进度表中需要将查询资料和数据分析等具体工作都设计在内,以便于更好地确定具体的时间节点。

3.项目活动的探究与分析

在确定好项目小组之后,需要通过小组成员合理分工协作的方式,完成资料和相关文献的查阅与统计工作,并结合网上所能查到的相关资料,实现对于学习成功的总结与分析。除此之外,还需要项目小组成员能够借助相关沟通软件与应用进行充分沟通交流,并在实践应用与讨论中掌握具体的文献调查与研究方法,围绕项目主题进行充分的讨论,以便于更好地实现项目活动的探究工作。而在这个过程中,还需要项目小组能够真正做到将方法论和应用原理充分结合,合理分工并团结一致地完成项目主题所要求的工作内容。

4.项目成果的制作与展示

项目成果的制作与展示是当前项目式教学法的关键环节,也是项目式教学法的核心内容之一,是决定项目式教学质量和水平的关键所在。项目小组成员在查阅资料和文献的基础上,针对调查与研究结果进行的报告总结是决定这一研究质量的最后环节。为此,需要项目小组成员能够在调查研究后便开始对于调查报告的总结与撰写工作,调查报告要求格式规范,内容充实,同时还需要注重对于报告层次的掌握,以保证调查报告的逻辑性和准确性。在调查报告等成果展示确定后,便可以文档的形式分享给班内其他小组,通过分享等方式做好与班内其他小组之间的互评工作。而教师需要在小组互评之后,对各个小组所展示的成果进行适时且必要的点评。

为此,便需要项目小组之间能够按照项目研究的计划和具体规划进行成果总结,同时在进行最终的班级成果展示时,需要尽可能地控制自身的展示时间，以便于更为准确地表达自身所在小组的研究成果与研究内容。项目小组需要按照调查结果、文献资料、代沟产生的原因和影响以及最后的弥合代沟的方式全面细致汇报和总结，这样才能够真正做到调查成果的有序展示和分享。而在其他小组进行成果展示和分享时，其余小组需要进行完备的记录，以便于能够在之后进行更有效的总结讨论。

5.项目成果的最终评价与总结

在完成项目成果的展示工作后，教师便需要针对项目小组之间的问题进行总结分析，并对项目小组的研究成果进行点评，评价工作需要尽可能地保证其自身的专业性和客观性，并对学生在本单元所需学习的教学内容进行必要的技能指导和教学工作，帮助学生更好地掌握教学内容。项目成果的展示需要以最终成绩为标准，为此需要对成绩的判断进行合理的考量与设计工作，按照以往项目式教学法的研究，课程最终成绩往往会通过教师打分与其他项目小组打分的加权分作为最终成绩，以便于保证成绩的时效性和公正性。

## 五、项目式教学法在高校英语教学中的优势分析

项目式教学法作为一种以学生为中心的教学方法，在我国英语教学的实际应用中仍然还未得到真正普及。同时，作为传统教学法改革的基本要求之一，以学生为中心的教学理念也在越来越广泛地应用到教学研究中，因此通过项目式教学法的实施，充分调动学生的学习兴趣和积极性，并真正实现真实、跨学科的教学应用，逐渐成为一种高效英语教学的理想教学方法。

通过项目式数学法的实践，不难发现学生自身的学习热情和学习动力都有了提升，不仅在实际项目研究的过程中成功地完成了项目目标，同时还获得了研究经验，帮助学生在自主学习的过程中逐渐树立了自信，同时项目式教学所带来的获得感帮助学生更好地改善了教学课堂的氛围，提升了学生在课堂学习中的互动性和参与性，帮助学生提升了自身的英语交际能力，实现了英语课堂知识的内化与应用能力的提升。教师在教学过程中的指导

作用,帮助学生更好地明确了不同阶段的工作,帮助学生更好地掌握了推理和归纳手法,实现对于逻辑思维能力的提升与发展,锻炼并提高了学生自身的思维与语言能力。

随着项目式教学法的深入发展,我国各学科各领域都有一定程度上的应用探究与实践分析,同时随着应用范围的逐渐广泛,我国项目式英语教学的研究成果也逐渐增多。采用项目式教学法的高校英语教学逐渐展现出了独特的教学优势,对于学生英语学习兴趣的提升和促进作用也越来越明显,更是维持英语学习过程中趣味性和可操作性的关键。

## 第二节 项目式教学法的类型

在英语项目式教学法中,体验式教学法、任务式教学法和剖析式教学法是常见的教学方法。这三种方法在项目式教学中被广泛运用,非常适合学生自主学习和探索思考。其中,体验式教学法以活动为基础,学生在生动的场景中学习英语,通过模拟真实的情境来丰富知识储备,提升语言技能。任务式教学法是以完成任务为核心,学生在完成任务的过程中积极思考,发现问题并解决问题,充分发挥学生学习的自主性。剖析式教学法让学生走进英语知识深度的解析中,开展分析性的探究,培养学生的分析思维和判断力。

英语项目式教学法的体验式教学法、任务式教学法和剖析式教学法,每一种教学法都有着自己独特的优点和适用性,都能有效地激发学生的兴趣,从而提高学习效果。在实际的英语项目式教学中,必须合理运用这些教学方法,根据教学内容和学生特点灵活设定合适数量的任务,使学生能够主动参与学习和探究,充分感受到英语学习的乐趣和益处。

### 一、体验式教学法

#### (一)体验式教学法的原理与特点

体验式教学法是一种基于学生个体体验和情感认知的教学方法。它的核心理念在于通过创造性、互动性的体验教学活动来促进学生学习。它除了强调知识的传授之外，更加注重学生的实践操作和情感体验。

体验式教学法有其独特的特点，它所采用的模式非常多样化、灵活性极高、操作性强、学习效果好。首先，体验式教学法强调学生的主体性和创造性，激发学生的兴趣及动机。其次，它还关注情感体验，通过对具体事件进行情感反应，从而加强学生对知识点的关注程度。最后，它强调学生之间的互动，让学生在合作互动中更好地理解和掌握知识点。

（二）体验式教学法在英语口语项目中的应用

体验式教学法在英语口语项目中的应用非常广泛。在英语口语项目中，学生必须学习听力、口语、语音等多方面的技能，而通过体验式教学法，学生可以更好地掌握这些技能。

在口语教学中，体验式教学法可以通过多种方式实现。例如，教师可以安排学生参加英语角活动，让学生和母语为英语的本地人士进行交流，通过语言交流和文化交流来提高学生的口语水平。此外，还可以让学生参加英语演讲比赛、辩论比赛等活动，通过讲解方案、实践演讲、听取评委的评语等方式来提升学生的口语表现力。

（三）体验式教学法在英语写作项目中的应用

在高校英语项目式教学中，体验式教学法被广泛应用于英语写作项目中。体验式教学法的核心理念是通过亲身体验获得知识，让学生在真实的环境中进行写作实践。

在体验式教学法中，学生扮演的角色通常是真实场景中的角色，如在一个新闻编辑部门中担任助理编辑，或在一家博物馆中担任讲解员。通过与场景中的其他人物互动，学生能够了解英语写作的真实情境，如新闻报道的写作要素、展览的讲解技巧等。

体验式教学法在英语写作项目中的应用非常广泛。例如，在一次旅游写作项目中,学生可以扮演旅游杂志的编辑,前往现场采取写作素材并进行组织和编辑。这样的体验能够让学生更加深入地理解旅游写作的技能和要素。在另一个写作项目中,学生可以扮演一名广告公司的创意策划师,参与到一次创意竞赛中,通过协作和创造,锻炼自己的写作能力和素材汲取能力。

当然,并非所有的项目都适合使用体验式教学法。在英语写作项目的设计中,教师需要根据学生的实际情况和学习目标来确定是否使用体验式教学法,以及选择合适的体验角色和场景,确保学生通过体验式教学法获得的写作技能和知识能够真正地应用于实际生活和工作中。

总之,体验式教学法作为一种新颖、生动、有效的教学方法,能够为高校英语写作项目的教学提供新思路和新方法,能够让学生在真实的环境中获得知识,加深对英语写作的理解和掌握。

### (四)体验式教学法运用的优势与问题

在高校英语教学中,体验式教学法是一种非常重要的教学手段,它能够提高学生的学习兴趣,激发学生的学习热情,让学生在体验中更好地掌握英语知识。体验式教学法的核心思想是通过体验过程,让学生在实际操作中学习,让学生在实践中体验知识,从而达到学以致用的目的。在英语项目式教学中,教师可以通过设计丰富多彩的体验活动,激发学生的兴趣和热情,让学生体验到英语知识的乐趣。

在体验式教学中,学生不仅可以听讲、看板书,还能够参与到实际的体验活动中。比如,通过英语学习游戏,学生可以在玩游戏的同时学习词汇、语法等知识,这样能够提高学生的学习兴趣,使学生更主动地参与到英语学习中。另外,在进行英语演讲、英语歌曲等活动时,也可以采用体验式教学法,让学生在实际的表演中学习英语的发音、语调等知识点。

当然,在运用体验式教学法时,教师也需要注意一些问题。首先,体验式教学活动需要体现学科性,不能只是简单地让学生玩游戏、听歌曲等,还需要具有教育意义。其次，教师需要引导学生思考，让学生自主思考体验过程中学到了哪些知识点，从而加深学生对英语知识的理解和记忆。最后，教师还需要根据学生的学习情况，及时调整体验活动的内容，让学生在体验中真正掌握英语知识。

综上所述，体验式教学法是英语项目式教学中非常重要的教学手段。在运用体验式教学法时，教师需要注意教学目的、引导学生思考、及时调整教学活动和内容等问题，从而让学生更好地掌握英语知识。

## 二、任务式教学法

### （一）任务式教学法的原理与特点

任务式教学法是项目式教学法中的一种，是指让学生通过参与各种真实的社会任务来达到学习语言的目的的教学方式，学生在任务执行过程中使用英语进行交流和实践。任务式教学法丰富了教学内容和形式，寓教于乐、寓教于行，在很大程度上满足了学生的学习需要。

任务式教学法的主要特点在于明确的任务目标、灵活多样的形式以及实现任务的合作方式。首先，任务式教学法要明确任务目标，而任务目标应该由学生自行设定，既能发掘学生的学习潜力，又能促进学生的创造力和主动性。其次，任务式教学法在形式上灵活多样，有开放任务和闭合任务之分，还可以根据任务的不同进行分类，如口头任务、书面任务、口头和书面同时包含的任务等。最后，任务式教学法实现任务的合作方式为小组模式，学生应该优先考虑团队合作，互相支持和协作共同完成任务。

### （二）任务式教学法在英语听力项目中的应用

在英语听力项目中，任务式教学法是一种被广泛应用的教学方法。任务式教学法的原理在于将学生置于一个问题或任务的情境中，使学生通过自主探究、自我合作和自我评价的学习过程，实现语言技能的提高。任务式教学法的特点在于紧密结合语言运用功能和实际情境,注重实战和实际应用能力的培养。

在英语听力项目中,任务式教学法的应用案例具有很高的实用性。以小组讨论为例,学生分组完成一项听力任务。任务分为两个部分,第一部分为对英语短篇文章进行听力理解并进行小组讨论,第二部分为就短篇文章的主题展开一场小组讨论。通过此项任务,学生不仅可以提高语言技能,还可以培养团队协作和沟通交流的能力。

学生在任务的学习过程中,需要自主探究、合作交流、自我评价。在第一部分,学生需要独立完成对英语短篇文章的听力理解。对于难点内容,可以在小组中相互讨论和解决。在第二部分,小组成员需要就短篇文章的主题展开讨论,并确定自己的观点。在这个阶段,学生需要进行合作交流,根据自己的观点进行表达,同时也需要学生对小组其他成员的观点进行理解和尊重。

任务式教学法在英语听力项目中的应用还可以继续拓展。例如,在英语听力素材中添加短语或谚语,让学生理解短语或谚语的含义,并展开小组讨论。又如,在英语听力项目中添加类似于题目的"英语听力绕口令",让学生进行听力理解和口语训练。

总之,任务式教学法在英语听力项目中的应用不仅可以提高学生的听力水平和语言运用能力,还可以培养学生的团队协作和沟通交流能力。

### (三)任务式教学法在英语阅读项目中的应用

任务式教学法是一种以学习任务为中心的教学方法,其主要特点是强调学生的主体性和实践性。在英语阅读项目中,任务式教学法同样适用。使用任务式教学法,教师不再是简单地向学生讲解书本上的知识点,而是将学生置于具体的阅读任务中,让学生在任务的实施中不断地深化对知识点的了解。任务式教学法在英语阅读项目中的应用如下:

第一种,以学生为中心的讨论小组。在这样的小组中,教师可以将学生分为若干组,使每组都对一篇文章进行阅读,接着教师出题,要求学生在小组讨论后给出答案。这种小组讨论方式不仅能够增强学生的口语表达能力,还有助于学生深入理解文章的内容。

第二种,以学生为主的小组裁判创新赛。在这个比赛中,教师将学生分为若干小组,针对不同难度的文章设立裁判赛,学生需要在规定时间内完成一些阅读填空、翻译等任务。这种形式鼓励个人学习与小组合作,并通过不同的裁判赛形式加强学生的阅读理解,同时使学生在任务中有意识地提高自己的综合能力。

总的来说,任务式教学法在英语阅读项目中的应用旨在通过实践任务和团队合作来促进学生的阅读理解和交流能力,加快英语学习的速度,提高英语学习的效果。

(四)任务式教学法在英语翻译项目中的应用

任务式教学法在英语翻译项目中的应用是当前英语教学中的一个热门话题。研究表明,任务式教学法在英语翻译项目中的应用具有很多特点,如可以增进学生的自主学习意识、调动学生的学习积极性、增强学生的学习兴趣和动力等。

将任务式教学法应用于英语翻译项目中时,教师应该采用以下教学策略:首先,教师应该将任务的目标和要求明确地告诉学生。其次,在任务的具体实施过程中,教师应该告知学生可以使用的翻译软件和资料。再次,教师应该在学生完成任务后对翻译结果进行对比和检查,并根据翻译结果的质量给学生评分。最后,通过对学生翻译结果的整体评估,教师可以提出相应的反馈,以更好地促进学生的学习能力提高。

那么,在具体的任务操作中,任务式教学法在英语翻译项目中应该采用哪些具体的教学策略呢?在实际操作中,教师应该结合学生的实际情况和课堂情况,选择不同的策略,来引导学生成长。

首先，教师可以在教学过程中，引入一些实际生活中的案例，让学生在翻译中了解和体验一定的生活场景和文化背景，提高学生的翻译质量和精度。比如，教师可以选取一些原版影视台词，让学生在对影视剧进行翻译的同时，了解其中有价值的人文信息，使得学生在翻译学习过程中能够理解英语中蕴含的思想、文化、成语、俚语等，从而提高学生整体的涉猎能力。其次，为了更好地提升学生的翻译速度和质量，教师还可以组织一些相互评估的活动，让学生之间相互评述、互相比较，这样可以有效避免漏译、错译等问题，从而进一步提高翻译质量和服务学生的提高。

综上所述，在应用任务式教学法进行英语翻译项目教学的过程中，教师应采用多种教学策略，来对学生进行更准确、更快捷、更直观的翻译训练，帮助学生更好地掌握英语基础知识和技能，提高学生英语翻译的实际应用能力，实现英语语言能力的进一步升华。

### （五）任务式教学法的优势

任务式教学法是英语教学中较为常见的教学方法之一，是高校英语教学中常用的一种方法。它是一种以任务为导向的教学方法，是为了提高学生的实际语言运用能力而产生的一种教学方式。任务式教学法注重学生的参与实践，以学生为中心，让学生在实践中体验、探索和发现，培养学生的自主学习能力和解决问题的能力。

任务式教学法的核心在于学生的任务，一个好的任务能够激发学生学习英语的兴趣和热情，同时也能够让学生通过任务学习到更多的英语知识和技能。在英语项目式教学中，任务是根据项目需求而提出的，任务与实际生活或工作场景相结合，能够让学生更好地体验英语学习的乐趣和实用性。

将任务式教学法应用于英语项目式教学中，不仅培养了学生的英语能力，还培养了学生的创造性思维和团队合作能力。任务式教学法要求学生自主学习和自主探究，旨在激发学生自主学习和自主探究的兴趣和主动性。

在实践操作中,学生通过与同伴合作、讨论和交流,产生协作的意识,提高沟通协调能力和执行力。

任务式教学法的应用反映了英语项目式教学的一种趋势,也就是以学生为中心的教学法,这种教学法旨在培养学生自主学习、独立思考和自我评价的能力,让学生更好地适应未来学习和工作的需要。但是,任务式教学法需要有一个良好的教学环境和环节,能够给学生充分的支持和帮助。在这个过程中,教师的角色变得更像是引导者和组织者,而不是传统意义上的"讲师",这无疑对教师提出了更高的要求。

## 三、剖析式教学法

### (一)剖析式教学法的原理与特点

剖析式教学法是一种针对性强、灵活性高的教学法。其核心思想是通过对学生进行详尽的分析、解剖,把知识点分解成微小的部分,然后通过分析每一部分,来对所学内容形成全面且深入的了解。剖析式教学要求学生加强自学能力,发挥主动作用,通过不断思考和总结,进一步提高学习效率和成果。

剖析式教学法具有很多特点,最重要的是其详尽分析和深入解剖的特点。这种教学法能够帮助学生在短时间内深入了解知识点,掌握关键性的知识点和技能,提高学习成绩和能力。此外,剖析式教学法能够调动学生的兴趣,激发学生学习的积极性,使学习变得更加主动和有效。

### (二)剖析式教学法在英语语法项目中的应用

在英语语法项目中,剖析式教学法的应用是至关重要的。首先,剖析式教学法是一种以解析、分析、比较为特点的教学法。其原理在于先把一个英语语言现象拆分成若干部分进行详细讲解,再通过比较、归纳、总结,来揭示语言问题的真正本质,达到全面深入理解和掌握的目的。剖析式教学法因此可以避免教师过分灌输知识带来的弊端，并引导学生通过自主思考来发现问题并解决问题。

其次，英语语法项目是英语学习中不可或缺的部分，它直接影响语言表达的准确度和语法结构的清晰性。因此，在英语语法项目中运用剖析式教学法不仅可以帮助学生理解语言现象，还能够帮助学生对语言现象有更深入的认识和掌握。例如，在学习英语的过程中，学生需要了解名词、动词、形容词及副词等语法基础知识及其相互关系。在这一过程中，教师可以运用剖析式教学法，先解构名词、动词、形容词及副词的基本概念，再通过比较、归纳、总结等方法来梳理它们之间的关系。

最后，在剖析式教学法的运用中，教师需要根据学生的学习特点和课程目标，采用不同的教学方法来进行教学。例如，针对英语语法项目，教师可以采用多媒体、互联网资源等形式，将语言现象用图形、图表等形式呈现，让学生能够理解和记忆更深刻。同时，教师还可以在教学过程中，让学生通过分析英文句子，发现语言现象的规律性和内在联系，这样能够帮助学生更好地理解语法结构，掌握语言表达的技巧。

综上所述，英语语法项目中的剖析式教学法可以帮助学生全面深入地掌握语言知识和技巧，提高语言表达准确度和语法结构清晰度，是英语项目式教学法中不可或缺的一部分。

### （三）剖析式教学法在英语词汇项目中的应用

在英语词汇项目中，剖析式教学法的应用同样具有重要的作用。首先，通过对单词结构的剖析，学生能够更好地理解单词的含义，提高记忆单词的效率，加深对单词的理解和掌握程度。例如，对于“telecommunication”这个单词，学生可以通过剖析“tele-”表示“远距离、远程”的意义，“communication”表示“交流、通讯”的意义，来推测出这个单词的含义为“远距离交流、通讯”。这种通过结构分析推断单词意义的方法，可以在学生记单词的同时，帮助学生理解单词的内涵,提高英语词汇的掌握程度。

其次,在英语词汇的学习中,学生往往遇到一些相似但又有细微区别的词汇,如“anticipate”和“expect”。通过解析这些词汇的结构和含义,可以让学生更好地理解它们之间的区别,掌握它们的正确用法,从而减少学生在语法和用词上出现错误。

最后,剖析式教学法还可以将词汇教学和阅读教学相结合,通过对课文和文章中词汇的剖析,帮助学生更好地理解文章的内涵和主旨,同时提高学生对词汇的记忆,提高英语阅读的能力。

因此,在英语词汇项目中,剖析式教学法的应用是非常必要和有效的。通过对单词结构的剖析,学生掌握单词的能力得以提高,学习效率也得以提高,同时还可以有效地提高学生的阅读能力和水平,是一种非常值得推广的教学方法。

(四)剖析式教学法在英语项目式教学中的作用

剖析式教学法作为一种新型教学方法,近年来在英语教学中得到了广泛的应用。剖析式教学法鼓励学生对学习内容进行深度思考和分析,并注重提高学生的自主学习能力。

首先,剖析式教学法可以促进学生对英语知识的深层次理解。英语项目式教学中,许多涉及专业知识的内容难免存在一定的难点。剖析式教学法通过对英语知识进行系统的剖析和解读,让学生更加深入地理解学习内容,避免了简单机械地“死记硬背”的弊端。

其次,剖析式教学法也能够提高学生的学习主动性和积极性。在英语项目式教学中,学生需要独立地完成各种任务和项目。这就要求学生具备较高的自主学习能力。剖析式教学法可以让学生通过思考和分析提高发现问题、解决问题的能力,从而增强学生的主动性和积极性。

再次,剖析式教学法还可以促进学生的创新思维和创造力。在英语项目式教学中,许多项目的设计都包含了一定的探究性和创新性。剖析式教学法通过训练学生的分析思维和创新能力,充分发挥了学生的创新潜能,并提高了学生在英语学习中的主动性与积极性。

最后,剖析式教学法也能够充分体现英语教学中的“因材施教”的原则。英语学生的学习兴趣、学习方式等都存在一定的个体差异。剖析式教学法能够让学生对学习内容进行自主分析和思考,从而满足了不同学生的学习需求,更好地体现了“因材施教”的原则。

## 第三节 项目式教学法的实施原则与步骤

### 一、项目式教学法的实施原则

#### (一)以学生为中心原则

项目式教学法是一种以学生为中心的教育教学方法,已经在英语教学中得到广泛应用。与传统的教学方法相比,项目式教学法更注重学生的参与和自主探究,采用“任务—合作—演示—评价”的学习模式,鼓励学生积极参与到学习中,帮助学生发展自主学习和协作学习的能力。

在项目式教学法的实施中,以学生为中心的教学原则是至关重要的。这意味着教师必须正确认识到学生的独特性,将学生摆在教育的中心位置,在项目式教学中,以学生为中心原则的应用会产生积极且显著的效果。在这种情况下,学生被赋予更多的自主权来推进项目的发展,学生的主动性和创造性将得到充分发挥。同时,学生更多地进入项目的规划、开发和实现中,这些过程不仅会增强学生在实际生活中的知识和技能,还会培养学生的合作能力和领导能力。由此可见,以学生为中心的原则在项目式教学中发挥了重要的作用,为学生的成长奠定了坚实的基础。

在项目式教学法中,学生与教师的关系不再是传统的单向灌输模式,而是建立在平等合作的基础上。教师从指导者转变为学习的引导者,鼓励学生主动参与,引导学生进行思考和探究,同时也能够在教学过程中更全面地了解学生的学习和思想。

在以学生为中心的原则方面,项目式教学法致力于激发学生的学习热情与动力,使其成为自主学习的主体。在此基础上,教师有助于为学生创造适合学生学习风格的教学环境,激发学生对知识的兴趣,增强学生的学习乐趣和成就感。

在高校英语教学项目式教学法实施过程中,以学生为中心的原则被广泛认同并得到了充分实践。以学生为中心原则是指教学过程把学生放在中心地位,注重学生的思维过程、学习过程、生长过程和发展过程,使学生在课堂上成为学习的主体。项目式教学法的实施与以学生为中心原则密不可分。项目式教学法要求学生要根据自己的兴趣和特长来选择项目,教师则充当指导者的角色。在这个过程中,学生的兴趣、需求和能力成为学习过程的核心。以学生为中心原则的实施可以激发学生的学习热情和主动性,激发学生的好奇心和探究精神。此外,以学生为中心原则的实施也更加强调教师对学生的尊重和信任,让学生能够更加轻松自如地参与课堂教学。

在以学生为中心原则的实施过程中,教师的态度十分关键。教师不再是传统意义上的讲授者,而是指导者和引导者。教师需要真正地关注学生,了解学生的需求和困难,积极引导和帮助学生通过项目式教学法取得更好的学习效果。只有这样,才是真正意义上的以学生为中心,让学生真正成为课堂的主体。

综上所述,以学生为中心原则是项目式教学法实施中的重要原则之一,其实施具有十分重要的意义。在实践中,教师需要积极引导和帮助学生,让学生真正成为学习的主体,从而获得更好的教学效果。

(二)教学目标明确原则

在高校英语教学中,教学目标明确是项目式教学法实施原则之一。教学目标的明确性不仅体现在整个项目的设计上，还表现在具体的每一节课及每一个小的教学环节上。项目式教学法的教学目的必须清晰明确，而且应该为学生所接受并理解，这是保证项目式教学法顺利实施的基础。因此，应该确保学生在开始项目学习前，已经充分了解项目学习的目的，并且已经知道在项目中他们需要完成什么样的任务和达到什么样的目标。

教师需要在项目式教学中明确教学目标，并且确保学生在掌握语言学习技能的同时，完善学生的知识体系和技能水平。这样学生才能更加有效地进行任务分配和执行，并且在完成任务的同时，学习到最新的语言知识和技巧。

在项目式教学中，教师在讲授某一节课时应该明确阐述该节课的教学目标以及该课程与整个项目的关系。此外，教师还应该引导学生将在课堂上掌握的知识和技能与整个项目联系起来，以便学生能够更加深入地学习相关语言知识和技能。在学生完成某一任务之后，教师应该及时和学生讨论反思该任务，弄清楚任务是否达到了教学目标，以及如何在下一个任务中优化自己的表现。这些都要求教师充分把握教学目标明确原则，才能有效地实施项目式教学法。

在项目式教学中，明确教学目标是实施教学的关键。明确的教学目标可以使学生更好地理解课程的重点内容，同时提高学生的学习兴趣和积极性。在英语教学中采用项目式教学时，明确的教学目标可以帮助学生更好地把握日常英语应用场景，并表达清楚学生的思想和观点。

具体来说，在项目式教学中，教学目标应该具有可操作性和可达成性。教学目标应该是具体的、明确的，并且是与具体任务和学习内容相符的。针对学生不同的语言学习水平和英语应用需求，教师可以设立不同的教学目标，并向学生传递这些目标的重要性。

在项目式教学中，教学目标的设定可以通过目标梳理等方式来实现。目标梳理是指将需要学生达成的教学目标明确、具体地列出来，并通过不同的评估方式来监控学生目标的达成情况。同时，教师可以利用教学目标来设计课程任务和评估方案，以便更好地帮助学生达成目标。

在项目式教学中，教师要注重教学目标的灵活性。不同的学生具有不同的语言学习需求和学习能力，因此教学目标应该根据学生的实际情况进行调整。教师应该根据学生反馈和实际表现，及时调整教学目标和任务，以便更好地促进学生的学习和成长。总之，在项目式教学中，教学目标的明确性和灵活性是收到良好教学效果的关键。

在教学目标明确原则方面，项目式教学法也有着显著的应用优势。教学目标明确、清晰、可衡量，有助于学生更加全面高效地完成学习任务。在项目式教学中，学生所涉及的学科知识是由项目的特点决定的，因此可以制定与项目有关的多项任务目标，不仅可以将课程内容与学生的现实生活相结合，还可以提高学习任务的趣味性和实践性。

（三）教师引导原则

在项目式教学中，教师的角色是引导者和组织者。教师应该充分利用项目式教学的特点，发挥自己的作用，充分发挥项目式教学的优势，为学生提供更好的学习环境。

在项目式教学中，教师不是单纯的知识传授者，而是学习的指导者和促进者。教师需要协调和组织学生的活动，促进学生的合作和交流，为学生提供支持和反馈。在这个过程中，教师需要明确自己的职责和责任，确保学生得到足够的指导和支持。

第一，在组织和设计项目时，教师应该设定明确的学习目标，通过充分了解学生的需求、兴趣和能力，确立项目的主题和方向，使得项目设计具备一定的针对性和实用性。在项目过程中，教师不仅需要指导学生完成任务，还应通过课堂讨论和反馈等方式，及时了解学生的学习进度，对学生的问题进行针对性指导和解答。

第二，教师需要了解学生的需求和兴趣。在项目式教学中，学生是项目的主导者和参与者。因此，教师需要了解学生的需求和兴趣，以便更好地为学生提供支持和指导。

第三，教师应该给予学生足够的自主权，使学生充分发挥自我管理和自主学习能力。在项目开展的过程中，教师应该尽量减少干预，让学生在自由探究的基础上发挥创造性和想象力，以达到更好的教育目的。教师可以通过问题引导、资源支持、技能指导等方式，帮助学生更好地掌握知识和技能。

第四，教师应该充分重视对学生团队合作能力等综合能力的培养。在项目开展的程中，教师应该引导学生形成合理的工作团队，并注重培养学生的团队合作精神和沟通能力。与此同时，教师还应该结合具体的项目情境和题目，引导学生运用所学的知识和技能，解决实际问题，提高其综合素质和实践能力。

第五，在项目评价方面，教师应该根据学生的表现和项目的实际效果，给予合理的评价和反馈。在评价过程中，教师应该注重引导学生进行自我评价和自我反思，帮助学生及时发现问题并加以改进。另外，教师还应该注重对学生的价值观的培养，引导学生树立正确的人生观。

第六，教师需要为学生提供有效的反馈。在项目式教学中，学生需要不断检查和评估自己的学习成果。因此，教师需要提供有效的反馈和评价，以便学生得到及时的指导和支持。教师可以采用多种方法，如口头反馈、书面反馈、评估表等，为学生提供有效的反馈。

第七，教师需要倡导合作和交流。在项目式教学中，学生需要协作完成任务。因此，教师需要积极协调和组织学生之间的合作和交流，鼓励学生分享和交流彼此的见解和经验，以更好地完成项目。

总之，在项目式教学中，遵循教师引导原则是非常重要的工作。教师需要明确自己的职责和责任，了解学生的需求和兴趣，为学生提供有效的反馈和评价，并倡导学生之间的合作和交流。只有这样，才能真正实现项目式教学的目标，为学生带来更好的学习体验。

## 二、项目式教学法的实施步骤

### （一）项目确定和设计

项目式教学法是基于现代教育理念的一种教学方法，它关注学生的主动性、参与性和创造性，能够帮助学生在经验中寻找问题和解决问题的过程中，发挥出学生的创造潜力和自我价值。在实施项目式教学法之前，需要确定并设计项目。

1. 阐明项目目标

项目目标是指该项目实施后期望达到的具体成果，有利于明确项目的定位和目标。例如，项目目标可以是让学生熟练掌握某个技能，或者对某个问题有更深刻的认识。

2. 探究学生需求

学生需求要与项目目标紧密衔接，只有了解学生实际需求，才能更好地设计教学项目。因此，在项目设计前，教师需要充分了解学生，了解学生的个性特点、学习习惯和兴趣爱好等方面的信息。

3. 制定项目计划

项目计划是项目立项和实施的纲领，需要充分考虑时间和资源的因素，制定具体的实施计划和任务分解表。

4. 确定项目任务

项目任务是指在实施过程中需要完成的具体任务，包括任务目标、任务要求、任务内容、任务流程等，需要与项目目标紧密衔接。

5. 设计项目评价

项目评价是指对实施项目过程和结果进行评价，需要制定具体的评价指标和评价方法。

（二）项目实施

1.组建团队

在项目实施之前，应该组建一个具有较高执行力和团队精神的小组。这个小组的成员应该包括负责项目实施和推广的主要成员和其他支持人员。同时，要分配好小组成员的职责和任务，以保证项目进展顺利。

2.制定时间表和任务分配

制定好实施时间表，确保实施过程中各个环节的衔接紧密，满足项目实施的要求。同时，根据项目的特点和实施计划，合理分配工作任务，并给出明确的时间节点和工作标准。

3.开展课程教学

实施项目的核心是课程教学。在项目实施过程中，应该根据项目设计，结合学生的实际情况，设计出一套具有可行性和可操作性的课程内容。同时，为了提高学生学习积极性和主动性，可以采用多种教学方法，如小组合作学习和讨论、案例分析、课堂演讲和互动学习等。

4.提供学习支持和资源支持

在实施过程中，学生需要相关的学习支持和资源支持。这包括教师、图书馆、学习中心等多种渠道。为此，应建立学习支持机制和资源共享平台，为学生提供更好的学习体验和学习保障。

5.实现课程评估

为保证课程质量，使项目达到预期的目标，应对整个项目实施过程进行监测和评估，及时发现和解决问题。要进行学生的学习情况调查，对教学效果的测评和对教师教学质量的评估等多方面的评估，及时调整项目实施的策略和方案，确保项目成功实施。

因此，在实施项目的过程中，小组成员应密切配合，并严格落实项目实施计划，确保项目能够顺利开展，并取得预期的效果。

### (三)项目评价

在高校英语教学项目式教学中,项目评价是一个非常重要的环节。在项目实施之后,对项目进行评价,可以及时发现项目中存在的问题,并提出改进措施,最终实现项目的可持续发展。

第一,在项目评价时需要充分考虑目标设定的合理性。项目的目标应该符合学生的学习需求以及教学计划的要求。评价时,我们需要对此进行充分审视,看看目标是否达成,如果没有达成,我们需要分析原因,找出问题所在。

第二,在项目评价时,需要考虑项目的实施效果。实施效果是评价项目的最基本指标,也是最能够反映项目教学效果的指标。围绕实施效果,教师可以逐项对项目进行评价,如对学生的语言能力提升情况、学生习惯和能力培养情况、教师教学水平和教学过程等。

第三,评价项目还需要考虑课程质量。项目式教学法一般都是在某个课程的基础上进行的,在评价项目的同时也需要考虑到这个课程的教学质量是否能够充分满足学生成长和发展的需要。

第四,教学资源的利用程度也是评价项目的重要指标之一。在项目的实施过程中,不同的教学资源会起到不同的作用,如教材、多媒体教学设备等,对这些资源的利用情况也需要进行评价。

第五,项目评价还需要考虑到学生的参与情况。学生参与对于项目始终都是重要的,因此学生对于项目的评价也应该被充分考虑和采纳。学生对于项目的评价和反馈可以帮助教师更好地了解学生的需求和心理,有助于教学进一步改进和提升。

综上所述,项目评价是高校英语教学项目式教学法实施过程中必不可少的一个环节,需要全面、科学地进行,才能发挥其最大的作用。

（四）项目改进

在项目式教学中，项目的改进是重要的一环。项目改进的目的是在前一阶段的教学经验基础上，寻找并解决存在的问题，深入挖掘学生的学习潜能，提高实际学习效果。在项目实施后的改进中，教师需要对项目实施的情况进行全面分析和总结，以此来发现项目实施中需要改进的地方。

在改进项目时，教师应该考虑以下几个方面：第一，对项目的设计进行改进，加强对学生成长的关注，项目的设置应该更加合理、明确，更符合学生的成长规律。第二，实施方式的改进，需要调整教学方法、教学内容，确保学生从不同方面参与到项目中来。第三，课程和教学资源的改进，更好地促进学生学习和思考。同时，学生个性的差异和学习愿望也需要被考虑并优化，这样才能更好地推进项目改进。

总之，项目改进是整个项目式教学中不可缺少的一个环节。合理教学设计和不断改进都是保证项目实施效果的关键所在，只有从多个角度思考问题、多次实践，才能不断提升教学质量和教学效果。

## 第四节 项目式教学法在高校英语教学中的应用

### 一、项目式教学法在高校英语听说教学中的应用

对于高校英语听说教学而言，项目式教学法的应用可以有效提升学生的语言输入和输出能力，提高学生的语言实践和交际能力。目前，高校英语听说教学中仍存在着师生互动不足、学生口语表达能力薄弱、学生语法知识脱离实际应用等问题。采用项目式教学法，有助于提高学生在口语和听力方面的能力，让学生更好地理解和掌握语言知识。

实践证明，在高校英语听说教学中使用项目式教学法，可以有效激发学生的学习热情，增强学生的自主性和参与性。学生在参与项目实践中，能够

更加深刻地理解语言知识的真实意义,从而将其更好地运用到实际口语交流中去。例如,教师可以组织学生进行真实情境的小组口语对话,让学生扮演各种角色,结合实际生活中的场景进行对话练习。这种方式既能够提升学生的语言水平,又能够帮助学生更好地理解和运用语言知识。

项目式教学法是一种创新教学方法,可以使学生在自己感兴趣的领域中自主学习。在高校英语听说教学中应用项目式教学法,可以促进学生的英语水平提高,增强学生的英语自主学习能力,同时也能够提高学生的学习兴趣和积极性。项目式教学法在高校英语听说教学中的应用中主要包括以下方面:

首先,选择合适的话题和任务是项目式教学法的关键。教师应该从学生的具体需求出发,找到适合的英语听说任务。在选择任务时,既要考虑学生的兴趣和需求,又要考虑到任务的难度和教学资源。例如,教师可以将学习任务分为课程项目和实践项目,让学生在听说任务中得到实际锻炼,并且将学习成果转化为实际应用。在提高学生听力的过程中,可以让学生获取相关信息,并通过将获取的信息制作成短视频等形式,增强学生创新思维的能力。

其次,项目式教学法的实践应用需要遵循“以学生为中心”的原则。教师应该充分发挥学生的主动性和积极性,循序渐进地布置听说任务,合理地安排学生的学习过程,同时给学生提供充足的资源和支持。例如,在学生听说任务中,教师可以设置学习目标和评价方法,以及提供好课程资源,并且针对不同学习阶段的任务要求,为学生提供具体的指导和支持,激发学生的学习热情和学习潜力,扩大学生成长空间,进一步提高学生的英语听说能力。

最后,教师应该及时评价和反思项目式教学法的实践效果,及时发现英语听说教学中的问题和不足,不断提高教学质量。在项目式教学中,教师应该通过多种形式的评估,了解学生的学习情况和学习动态,及时反馈学习成效,以便及时发现和解决存在的问题,从而使学生的学习更加高效。教师还应该反思自己的实践过程,认真总结教学经验和教学成果,通过分享交流来提高教学水平。

综上所述,项目式教学法在高校英语听说教学中得到了广泛应用,但是它需要更多的时间和精力来实现其真正的价值。只有通过不懈的努力和不断的完善,项目式教学法才能够在未来的教学中更好地发挥作用,为学生提供更高质量的英语教学服务。

## 二、项目式教学法在高校英语阅读教学中的应用

在高校英语阅读教学中,项目式教学法作为一种新的教学方法引起了教育界的关注。项目式教学法的成功实施离不开其理论基础的支撑。项目式教学法的理论基础主要来源于学习理论和认知心理学理论。

学习理论认为,学习是以认知为基础的心理过程,是由未知到已知、由不会到会的过程。学生在学习的过程中主动地挖掘、发现、感知新知识,从而进一步提高自我的认知水平。项目式教学法正是基于这一学习理论,强调学生的自主性、探究性和合作性,积极促进学生对新知识的认识和理解。

认知心理学理论也为项目式教学法的理论基础提供了重要的支持。认知心理学理论认为,学习是通过学生的认知活动来进行的,而认知活动则是基于学生的前提知识和现有知识来逐渐丰富和扩展其知识体系的。项目式教学法以学生为中心,注重学生的主动学习,通过有意义的实践活动,促使学生不断扩展、丰富知识体系,提高阅读能力。

因此,项目式教学法在高校英语阅读教学中得到了广泛应用。对于教育界而言,项目式教学法不仅能够提高学生的阅读能力,还能够促进学生在实践活动中增强团队合作精神和自我探究精神,培养学生的综合素质。

从理论上来说,项目式教学法是通过在教学过程中使用真实场景和情境,让学生通过实践去学习知识和技能,从而提高学生的综合能力。在英语

阅读教学中，项目式教学法也有着很好的应用价值。首先，通过真实情境的模拟，学生能够更好地理解英语文章中的内容，提高阅读能力。其次，项目式教学法可以激发学生的学习兴趣和积极性，减少教师的讲解时间，提高学生的自学能力。最后，通过参与实践活动，学生能够更好地掌握英语知识和技能。

在当前高校英语阅读教学中，个别学生存在无趣、乏味、缺乏动力以及缺少实践的问题。针对这些问题，项目式教学法可以提供更好的解决方案。在具体应用上，教师可以设计一系列的练习活动和任务，让学生通过参与其中去完成英语阅读学习。例如，教师可以要求学生通过网络搜索真实的英语文章，理解文章中的主要内容和特点，分析文章中出现的单词和句型，然后尝试翻译文章并写出文章的摘要和关键词等。这样的操作可以让学生在具体实践中了解相关知识和技能，并且在学习过程中能够提高自己的英语阅读水平。此外，教师还可以通过形成小组或团队等方式，让学生相互合作，共同完成学习任务。

总的来说，项目式教学法在高校英语阅读教学中的应用可以弥补传统阅读教学中缺陷，提高学生的学习兴趣和自学能力，促进英语阅读水平的提高。教师在具体实践中需要针对不同程度的学生，设计不同难度的任务内容和操作步骤，合理利用真实场景和情境，让学生在应用中加深对英语知识的理解和记忆。同时，教师也需要进行及时反馈和评估，检验学生学习成果并提供指导，促进学生持续进步。

## 三、项目式教学法在高校英语写作教学中的应用及效果

### （一）项目式教学法在高校英语写作教学中的应用

在高校英语写作教学中，项目式教学法作为一种新兴的教学方法，逐渐得到了广泛应用。项目式教学法的主要特点是将学生置于实践情境之中，

通过参与具有实际意义的项目活动,促进学生自主探究和知识应用能力的提升。该教学方法具有明显优势:能够培养学生的实际操作能力;能提高学生的学习兴趣和动机;能够真实反映学生整体素质切实提高语言技能。

在英语写作教学中,项目式教学法的应用可以体现为以下几方面:首先,教师根据教学目标和学生现状设计合适的英语写作项目活动,提高学生的写作兴趣和创意水平。其次,项目式教学法能够激发学生的写作激情,增强学生对英语写作的自信心,提高学生的写作技巧和写作能力。最后,项目式教学法能够有效地激发学生英语写作的积极性,培养学生多元思维、创新能力,提高学生团队合作精神。

在英语写作教学中应用项目式教学法需要注意:要合理安排项目式教学法活动的时长和形式,确保学生能够顺利完成英语写作任务;鼓励学生自主学习和自主思考,培养其独立解决问题能力;在项目式教学中,注重教师角色的转换,及时反馈学生的学习情况,及时引导学生,提高学生的自主学习能力;要充分利用项目式教学法的教育资源,保证英语写作教学实效性。

总之,项目式教学法的应用,对于高校英语写作教学有着积极影响。通过项目式教学的实际操作,可以使学生更好地掌握英语写作的技能和知识,同时提高学生的自主学习能力,为学生以后的学习和工作奠定坚实的基础。

### (二)项目式教学法在高校英语写作教学中的效果分析

#### 1.提高学生的英语写作能力

项目式教学法在英语写作教学中能够提高学生英语写作能力,主要体现在以下几个方面:首先,项目式教学法采用由简到难、由浅入深的教学方法,一步步引导学生学习英语写作技巧和方法。其次,项目式教学法能够培养学生的合作能力和创新思维能力。在一个项目中,学生需要相互配合,合作完成项目,这能够锻炼学生的合作能力。项目式教学法强调学生的主体性,学生需要自己动手实践,寻找解决问题的方法,这能够激发学生的创新思维，从而提高学生的写作水平。

2.提高学生的兴趣

项目式教学法在英语写作教学中应用，不仅能够提高学生的写作能力，还能够提高学生的兴趣。在传统的英语写作教学中，学生容易感到枯燥乏味，缺乏学习的兴趣和动力。而在项目式教学中，学生需要完成具体的项目，这个过程充满了挑战和乐趣。学生在实践中学习知识，提高写作水平的同时，也能够体会到学习的乐趣和成就感，从而提高学习的积极性。

3.培养学生终身学习的能力

项目式教学法在英语写作教学中还能够培养学生终身学习的能力。在一个项目中，学生需要主动寻找英语写作资源，学习写作知识和技能，这个过程锻炼了学生主动学习的意识和方法，培养了学生终身学习的能力。

综上所述，项目式教学法在英语写作教学中有着显著的优势和作用，能够提高学生写作能力，激发学生写作兴趣，培养学生积极写作能力。因此，推广项目式教学法在英语写作教学中的应用具有非常重要的意义。

## 四、项目式教学法在高校英语翻译教学中的应用及效果

### （一）项目式教学法在高校英语翻译教学中的应用

在高校英语翻译教学中，项目式教学法是一种被广泛运用的教学方法。它可以使学生在实践中提高翻译技能，培养学生的跨文化交际能力。

在项目式教学法中，教师可以为学生设计一些具有现实意义的翻译项目，让学生在实践中学习。通过这种方式，学生不仅可以加深对该项目的理解，更重要的是可以从实践中掌握翻译技能，并且在实践过程中发现问题并积极寻找解决方法。

例如，教师可以让学生参与国际商务谈判的翻译工作，在谈判中让学生担任口译员或笔译员。这种项目式教学法既可以让学生在实践中提高翻译

技能,同时也可以使学生了解国际商务谈判的各种技巧和礼仪,培养其跨文化交际能力。

除此之外,项目式教学法还可以通过小组合作的方式优化教学效果。教师可以将学生分组让其完成一些翻译任务,并且通过小组成员的合作,让学生在这个过程中逐渐形成对于翻译的完整的认识和思路。

综上所述,项目式教学法在高校英语翻译教学方面具有广泛的应用前景。教师应该灵活运用项目式教学法,以提高学生的翻译技能和交际能力,为学生将来的就业打下坚实的基础。

### (二)项目式教学法在高校英语翻译教学中的效果分析

在英语翻译教学中,项目式教学法的应用不仅实现了对学生知识的深度和广度的拓展,更重要的是通过项目实践,学生可以在教师的指导下,自主探究学习,并积极参与到学习中去。因此,项目式教学法在英语翻译教学中的应用,其效果是非常明显的。下面将从学生学习兴趣激发和学习成果展示两个方面进行分析。

首先,项目式教学法的应用可以激发学生的翻译兴趣。通过开展有趣的英语翻译项目,可以使学生感受到自己的学习价值和学习能力的提高,增强学生学习的自信心和兴趣。例如,教师为学生准备一份较为棘手的英语翻译任务,让小组合作进行,如此一来,既可以提高学生的英语翻译质量,也可以培养学生的团队协作精神,让学生在共同完成任务的过程中提高对英语翻译学习的兴趣和热情,从而形成良好的英语翻译素养。

其次,通过学生参与项目、展示学习成果,体现项目的应用和意义,可以帮助学生深入理解所学的知识。例如,教师让学生观摩和评价他人的翻译作品,可以让学生深刻领悟到不同人在翻译中所遇到的问题和难点,从而更加深入地理解翻译过程中的注意事项和技巧。这种交流展示不仅可以让学生的学术水平有所提升,还可以增强学生之间的联结,促进学生之间的沟通交流。

综上所述,项目式教学法在英语翻译教学中的应用,既可以提高学生的学习兴趣,又可以对学生的学习成果进行展示,让学生能够更加深入地理解所学知识的实际应用和意义。因此,在教学中,教师应该多开展有趣的项目实践,鼓励学生积极参与,从而不断提升学生的英语翻译素养,不断提高学生的学习成绩。

## 第五节 项目式教学法的评价及启示

### 一、评价方法

在高校英语教学项目式教学法的效果评价中,评价方法的选择是一项关键工作。评价方法的选择应该符合项目式教学法本身的特点和目的,既能全面、客观地反映学生的学习成果,也能为教师提供有效的教学反馈和改进建议。

目前,常用的项目式教学法效果评价方法包括问卷调查、学科竞赛、个人作品展览、小组作品展示和成果答辩等。其中,问卷调查可用于了解学生对项目式教学法的评价和反馈,为教师提供有用的参考意见;学科竞赛则能够激发学生的竞争意识,提高学生的学科水平;个人作品展览、小组作品展示和成果答辩等则更能全面、直观地反映学生的学习成果,并能够为教师提供更为详细的教学反馈和改进建议。

在选择评价方法时,教师还需要考虑教学内容、学生特点、教学目标等多方面因素。例如,在英语阅读教学中,教师可使用阅读理解测试、阅读速度测试等方法评价学生的阅读水平。在对口语和听力能力进行评价时,教师可采用模拟情景对话、听力难度测试等方式评价学生的英语口语和听力水平。另外,还可以综合运用多种评价方法,以取长补短,使评价尽量客观全面。

综上所述,选择恰当的评价方法是项目式教学法效果评价中不可或缺的一环，教师应该根据教学内容和教学目标特点选择相应的评价方法。同时，教师还应该结合学生的实际情况和教学反馈，不断改进和完善评价方法，以提高项目式教学法的教学效果。

## 二、评价结果

在进行高校英语教学项目式教学法的教学效果评价时，教师需要对评价结果进行具体的分析和总结。首先，需要考察项目式教学法实施后学生的英语学习成果，如英语口语水平、听说读写能力、跨文化交际能力等。其次，教师需要考察项目式教学法对学生的学习动机、学习兴趣等方面的影响，以及对学生的创新能力、团队协作能力等方面的培养。

在实施项目式教学法时，教师需要考虑到学生的个体差异，采用个性化教学，注重学生的自主性和学习愉悦度。因此，在评价结果时需要主要考察项目式教学法对不同类型学生的适应性，以及对学生学习积极性、自我调控能力、学习自觉性等方面的影响。

在评价结果时，教师需要采用多种手段，如调查问卷、学生成绩变化、师生访谈等，全面地、客观地反映项目式教学法的效果。同时，需要将教学过程中存在的问题进行归纳梳理，总结出教学方法的优点和不足，并提出相应的改进建议，为进一步推广和实施项目式教学法提供有益借鉴。

## 三、评价分析

首先，教师应考虑该教学法在培养学生英语沟通能力方面的效果。项目式教学法注重实践操作，能够激发学生的学习兴趣，使得学生可以更自主地掌握英语知识和技能。通过在具体的项目中进行实践训练，学生可以更加深入地理解英语知识，且被鼓励进行交流合作，从而能够更加流利地使用英语进行沟通。

其次，教师应考虑该教学法在培养学生解决问题的能力方面的效用。

项目式教学法注重学生的实践操作，鼓励学生独立思考，并从错误中改正，这样可以让学生更好地理解和掌握英语知识。同时，通过让学生在实践项目中互动交流和合作，可以培养学生解决问题的能力，从而更好地适应未来的学习和工作环境。

最后，教师应考虑该教学法在培养学生创新思维方面的效果。项目式教学法注重学生的探究精神，鼓励学生遇到问题主动思考并制定解决方案，在具体的项目中，学生需要不断地思考和改进，从而培养学生的创新思维能力，提升学生的综合素质。

综上所述，高校英语教学项目式教学法在培养学生英语沟通能力、解决问题的能力以及创新思维方面都有着显著的效果。通过该教学法的实施，学生的学习兴趣得到了提高，学生的自主学习能力得到了提升，同时也培养了学生的实践操作能力和团队协作精神，这些能力都为学生未来的学习和工作打好了基础。

## 四、项目式教学法在高校英语教学中的启示

### （一）项目式教学法在高校英语教学中的普遍适用性

在英语教学中，项目式教学法已经被广泛应用。项目式教学法可以激发学生的学习兴趣和积极性，培养学生的自主学习能力和合作精神。与此相比，传统的教学方式缺乏实践操作和探究学习的机会。项目式教学法不仅能够帮助学生掌握英语学科知识，还可以提升学生的创新思维能力和实践能力。

项目式教学法在英语教学中的适用范围非常广泛。在口语交流、阅读理解、写作和翻译等环节中，学生都可以通过参与项目式学习来提高英语水平。在口语交流方面，学生可以开展角色扮演、组织辩论、举办英语晚会等活动；在阅读理解方面，学生可以选择自己感兴趣的英语材料进行阅读和分

析；在写作方面，学生可以参与团队写作、制作英语杂志等活动；在翻译方面，学生可以参与英汉互译、文化解释等活动。

（二）项目式教学法在英语教学中的未来发展与困难

未来教育的趋势是以学生为中心、全球化和信息化，而项目式教学法正是符合这些趋势的一种教学方法。通过项目式教学，学生可以在全球化的背景下更好地了解不同文化和英语使用方式。而信息化技术的快速发展也为项目式教学法提供了更多方便和可能。教师可以在课程中使用多媒体、网络等方式，使得学生可以更加高效地开展项目式学习并进行跨区域、跨文化的合作。

因此，项目式教学法在英语教学中的应用前景广阔，并且具有广泛的适用性。随着教育的发展，项目式教学法在英语教学中的发展前景愈加广阔。

第一，项目式教学法能够培养学生的团队协作能力。现实社会中，团队合作已成为各行各业共同面临的挑战，因此，项目式教学法可以帮助学生学习如何在团队中合作，提高团队协作能力，使学生更好地适应未来的工作环境。

第二，项目式教学法能够促进学生综合能力的发展。在项目式教学中，学生需要运用所学的语言知识、人际沟通技巧、解决问题的能力以及其他综合素质，来提升自己的综合能力。

第三，项目式教学法具有丰富多样的实施形式，适用于不同的英语教学环境。它可以在语法教学、写作、翻译等方面进行应用，可以在课堂内或学校外进行，也可以采用单一或多学科的形式展开。

尽管项目式教学法在英语教学中具有广阔的应用前景，但是在未来的发展中还需要克服一些困难。首先，需要更多的教师参与进来。项目式教学法的有效实施需要更多的教师支持和参与，而当前英语教学中缺乏应用专业素养的教师，这也是一个需要解决的问题。其次，需要加强对项目式教学法的培训，包括培训教师和学生。学生需要了解项目式教学法的基本原则和实施方案，而教师需要具有足够的教育背景和专业知识，才能有效地实施项目式教学法。最后，项目式教学法需要不断改进和完善，以适应不断变化的教育环境和学生需求。因此，不断进行实践和探索，并不断总结经验，才能让项目式教学法在英语教学中发挥更大的作用。

## 五、项目式教学法的优缺点分析

### （一）项目式教学法的优点

在项目式教学中，以学生为中心是实现课堂教学创新的关键，这一原则主要指的是学生在课堂中扮演的角色。在传统教学中，教师处于主导地位，学生只是被动地接受知识，缺乏交互和思辨的机会。而在项目式教学中，学生被赋予了更多的权利和责任，成为教学过程中的主体，教师也从知识的传授者变为学生学习的指导者和支持者。这种转变使得学生在课堂上更加积极主动，在课堂上和教师、同学积极交流，相互学习，从而提高学生的学习兴趣和学习效果。

教学目标明确原则是指在项目式教学中，设置明确的学习目标，让学生在实践中理解和掌握各种知识和技能。在传统教学中，教师往往将大量的信息灌输给学生，而学生在没有准确目标的情况下很难掌握和运用这些知识。因此，为了避免这种情况，在项目式教学中，需要针对具体的学科内容和学生需求，制定明确的学习目标和任务，同时教师需要对学生的学习进度和成果进行有效评估和反馈，帮助学生不断优化学习策略，实现学业目标。

教师引导原则是实施项目式教学法的另一个重要原则。在项目式教学中，教师的角色从知识传输者变为学生的指导者和支持者。在启动项目前，教师需要为学生提供一定的背景知识和学习资源，同时还需要引导学生理解问题的真正本质，激发学生的学习兴趣和求知欲。在学生实施项目的过程中,教师应定期组织讨论和分享,解决学生在项目实施过程中遇到的问题和困惑,辅导学生完成项目任务。在项目完成后,教师还需对学生的成果进行系统评估和总结,指导学生归纳总结经验,提高学生自主学习的能力。在项目式教学中,教师需要做好教学流程的规划与组织、引导学生学习分析方法,并合理分配学生任务,从而使得项目式教学法的实施更加成功。

在总的实施过程中,遵守以学生为中心原则、教学目标明确原则及教师引导原则可以使得项目式教学法更加顺利,进一步增强学生的主动性和积极性,提高了学生的学习效果和效率。

(二)项目式教学法的缺点

尽管项目式教学法有很多优点,但是也存在着一些缺点。首先,项目式教学法需要更多的准备时间和课堂时间。在传统的授课方式下,教师可以事先准备好PPT或者课件来讲解内容,而在项目式教学法中,教师需要花费更多的时间来研究每个小组的主题和课程目标,以确保学生能够完成任务并达到预期的学习效果。其次,项目式教学法可能会导致一些学生的掌握程度不同。在传统的授课方式下,学生可以在班级中听到其他同学的问题并得到解答,但在小组项目中,学生必须依赖于彼此。这可能会导致一些学生得不到足够的支持来完成任务。此外,一些学生可能会在学习期间表现不佳,可能会影响小组的整体成绩。最后,有时候一些小组可能会从单个成员处获得不恰当的答案或者信息,可能会对整个小组的表现产生影响。

针对这些缺点,我们可以采取一些解决方案。首先,教师可以通过提前准备来支持项目式教学法。从课程表达方式到任务问题的指导,教师需要尽可能地与学生互动。其次,教师可以通过监控小组的交互和反思方式来了解小组成员之间的联系方式,并鼓励学生互动学习。在学期中,教师需要通过强制学生挑战、反思和深入分析任务的方式来鼓励学生自我学习并提高小组之间的互动。最后,教师可以促进学生的互相交流,并鼓励小组之间的交叉对话。这样,学生可以更加有效地学习,并交流和分享学生学到的知识和技能。

综上所述,项目式教学法具有一些缺点,但是我们可以通过采取一些解决方案,来解决这些问题并提高教学效果。

## 六、项目式教学法在高校英语教学中的价值

### (一)项目式教学法在高校英语教学中的实践价值

项目式教学法是一种以项目为导向,具有很强实践性的教学模式,在高校英语教学中具有重要的应用价值。通过完成项目,学生可将语言技能应用于实际场景,从而有效提高语言运用能力和实际操作能力。因此,项目式教学法在高校英语教学中的实践价值得到了广泛认可。

首先,项目式教学法能够激发个人的学习兴趣,提高学生的学习动机,在完成项目的过程中,激发学生的好奇心和求知欲,进而提高学生的学习主动性和积极性。其次,项目式教学法能够切实与实践相结合,提升学生的语言应用能力。在完成项目的过程中,学生需要进行语言交流和表达,故而此方法能够锻炼学生的听、说、读、写能力,提高学生的语言实际运用能力。最后,项目式教学法能够培养学生与教师之间更加良好的互动关系。在项目实践活动中,学生与教师的互动,将问题解决、想法分享、经验交流有机结合,增进了学生与教师之间的情感和理解。

### (二)项目式教学法在高校英语教学中的应用价值

项目式教学法作为一种被广泛应用的教育方式,在高校英语教学中也同样适用。首先,项目式教学法可以创造性地设计各种形式的任务,让学生通过学习完成。其次,项目式教学法可以使学生积极参与其中,并形成团队合作精神,培养其主动性和创造性。再次,项目式教学法可以根据学生实际情况,选取不同的主题组织多种技能进行集成性活动。最后,项目式教学法

可以帮助学生提高分析问题和解决问题的能力，增强其实际运用语言的能力和适应社会的能力。通过这些方法，学生将全面掌握英语知识，有效运用英语，从而提高未来在职场上的竞争力。

为了进一步项目式教学法在英语教学中的应用价值，需要深入研究相关研究方向。未来，项目式教学法可以结合信息技术，通过网络虚拟空间开展活动。通过在虚拟空间中进行交流、学习、辅导等方式，学生可以更加充分地体验到虚拟学习的乐趣，增强学生自主学习的能力。同时，项目式教学法可以与其他教育教学方法融合使用，如利用多媒体设备进行课堂展示和互动，以及采用其他互动式的教学方式来增强教学效果。另外，其还可以针对学生不同背景、需求进行教学设计，创设合理场景，提高学生解决实际问题的能力，培养其具有实用性的英语能力。

因此，项目式教学法在英语教学中的应用将会越来越广泛，未来高校也将更加深入地研究其应用方式和机制，探讨更加适用于不同年级、不同专业、不同语言背景的教育技术体系，进一步挖掘项目式教学法的应用潜力，从而更好地推动英语教学的发展。

## 七、项目式教学法的发展趋势

21世纪是信息时代，社会需求在不断发展变化，教育教学也需要不断进步改善。在新时代背景下，项目式教学法成为重要的教育手段。在未来的教育中，项目式教学法将会逐渐取代传统的教学方法，成为主流的教学方式法。

一方面，项目式教学法体现了以学生为主体的教学理念，教师不再只是知识的传授者，而更像是学生的引路人，由学生自己来制定学习目标和计划，调配资源和组织实施方案，使学生全方位参与其中，从而培养学生的探究精神和实践能力。

另一方面，在现代化信息网络的支持下，项目式教学法的实施资源得到了极大丰富。教师可以利用多媒体、数字化教学等现代化教学手段输出活动资料或电子案例，让学生寻根究源，了解更多的信息。通过小组互动、网上讨论等形式，学生可以在不同的层面上交流分享个人的观点和感受。

综上所述，项目式教学法不仅是当前重要的教学方式，还是未来教育的发展方向。我们应该不断探索和拓展项目式教学法的实施，促进学生的学习、理解和思考，以更好地培养学生的核心素养和创新能力。

随着科技和社会的不断发展，教育方式和方法也在不断创新。作为一种新型的教育方法，项目式教学法在英语教学中的应用不断深入，也逐步得到了广泛认可和支持。然而，项目式教学法还有许多值得进一步研究和探索的问题和方向。

首先，更深层次地挖掘项目式教学的效果和影响，以及不同学生的接受程度和参与度。例如，如何更有效地利用项目式教学法提高学生的英语写作和翻译水平，如何增加学生的学习兴趣和积极性，等等。这些问题需要通过实践来解决，才能更好地指导英语教学的实践和改进。

其次，深化项目式教学法和其他教学方法的融合和应用，特别是与在线教学、游戏化教学等新兴教育方法的结合。这可以更好地满足学生的多元化学习需求和提高教学的灵活性和效果。

最后，项目式教学法在不同教育阶段和学科领域中的应用和变化，以更好地适应不同学生群体和教学需求。例如，如何将项目式教学法应用于高校英语教学中，或将其用于其他外语教学中。

总之，项目式教学法在英语教学中有着广阔的空间和发展前景，未来的研究方向应当着眼于解决实践问题和教学要求，这就要求我们在不断完善和创新项目式教学法的同时，也要加强和其他教学方法的融合和应用。

# 第五章 混合式教学法及其在高校英语教学中的应用

## 第一节 混合式教学法简述

### 一、混合式教学法的概念

（一）混合式教学法的定义

混合式教学法结合了传统教学和在线教学的优势，旨在提供更加灵活和个性化的学习体验。通过整合面对面的课堂教学和在线学习资源，混合式教学法能够拓宽学生的学习渠道和增加学生的学习机会，促进学生的主动参与和深度学习。

在混合式教学法中，学生可以通过参加面对面的课堂教学来获取必要的理论知识和基本概念。然而，为了进一步巩固和拓展知识，学生还可以在合适的时间和地点，通过在线平台进行进一步的学习和练习。这种教学法不仅为学生提供了更多的学习资源，还鼓励学生主动积极地参与学习过程。

与传统的面对面教学相比，混合式教学法具有许多明显优势。首先，它能够打破时间和空间的限制，学生可以根据自己的时间安排来学习和完成作业。其次，混合式教学法还能够提供更加个性化的学习体验，学生可以按照自己的学习节奏和风格来选择学习内容和学习方式。此外，混合式教学法还能够培养学生的自主学习能力和信息技术能力，为学生将来的学习和职业发展奠定基础。

（二）混合式教学法的发展历程

早期的混合式教学法可以追溯到20世纪70年代。当时，由于计算机技术与教育理念相结合的新思维的出现，教育界开始探索将传统教学与计算机辅助教学相结合的方式。这些早期的尝试主要基于计算机软硬件的应用，其中包括计算机辅助教学软件的开发，以及计算机网络在教学中的应用。虽然技术条件有限，但这为混合式教学法的发展奠定了基础。

随着互联网的普及和信息技术的快速发展，混合式教学法面临新的机遇和挑战。教育界开始关注基于互联网的在线学习和教学。大量的在线教育平台和学习管理系统的出现，为教师和学生提供了多样化、个性化的学习和教学方式。通过在线教学，学生可以在任何时间、任何地点学习，而教师则可以更好地与学生进行互动。这种基于在线和面对面教学的结合方式被广泛探索和应用，并成为混合式教学法的主要形式。

随着人工智能技术的发展，混合式教学法进一步得到了拓展和深化。人工智能技术的引入使得混合式教学法更加智能化和个性化。例如，智能教学系统可以根据学生的学习情况和水平提供个性化的学习内容和指导。同时，虚拟现实和增强现实技术的应用也使得混合式教学法更加丰富。学生可以通过虚拟实验和模拟场景来加深对知识的理解和应用。

混合式教学法还将面临更多的创新和发展。随着技术的不断进步和教育理念的演变，混合式教学法将更加注重学生的主动参与和自主学习能力的培养。同时，教师的角色也将发生变化，教师成为学习的引导者和资源的提供者。混合式教学法的发展将以学生为中心，促进学生全面发展。

（三）混合式教学法组成要素

1.在线教学平台

在线教学平台是混合式教学法中最为核心的部分，通过提供教学资源、交流平台和学习管理等,为学生和教师创造了良好的学习条件。在线教学平台通常包括课程管理系统、讨论论坛、在线教室等功能模块,能够将学生、教师和学习资源连接起来,促进信息的共享。

2. 课程设计

在混合式教学法中,课程设计起着决定性的作用。课程设计需要综合考虑学科特点、学生需求以及教学目标,将在线教学与面对面教学有机地结合起来。有效的课程设计要求教师具备敏锐的判断力和灵活的教学策略。

3. 教学资源

教学资源包括数字化教材、多媒体教学资源、在线作业与测评等,为学生提供丰富多样的学习材料和学习互动的方式。这些教学资源应当与课程设计紧密结合,并能够适应不同学生的学习风格和学习能力。

4. 教师

虽然在线教学平台提供了很多学习资源和学习互动的机会,但教师的角色依然很重要。教师在混合式教学法中担负着指导学生学习、激发学生学习兴趣和解决学生学习困难的重要责任。教师需要具备良好的在线教学技能,能够充分利用在线教学平台的功能,制定合理的学习任务和评估方式,与学生进行有效沟通。

## 二、混合式教学法的分类

### (一)按照教学模式分类

第一,在线教学和面对面教学相结合的方法。在这种教学法中,学生可以在线上进行课程学习,并获得教师的指导和反馈,同时也可以在课堂上与其他学生进行互动交流。这种方法可以充分利用网络技术的优势,提供灵活多样的学习方式,同时也保留了传统面对面教学中的互动和实时性。

第二,倒置课堂方法和轮换方法。倒置课堂方法的特点是,学生在上课之前通过在线平台学习相关知识，而在课堂上则进行深入讨论和实践活动。这种方法可以提高学生的自主学习能力和批判性思维能力，同时也减轻了教师在课堂上的讲解负担。而轮换方法则是将学生分为小组，在不同的学习环节中轮流进行在线学习、面对面讨论和实验实践等活动，从而充分发挥小组合作学习的优势。

（二）按照教学工具分类

混合式教学法可以根据所使用的教学工具进行分类。教学工具是指在混合式教学法过程中使用的技术和资源。

首先，一种常见的分类方式是按照使用的在线学习平台来划分。在当今信息技术高度发展的背景下，许多在线学习平台得到了广泛应用，比如慕课平台、在线教育网站等。这些平台为学生提供了丰富多样的在线学习资源，如教学视频、在线课堂、测验等。教师可以将课程内容上传至平台，学生可以在任何时间、任何地点访问这些资源，并且可以通过在线交流与教师和其他学生进行互动。

其次，基于多媒体教学工具的混合式教学法也是一种常见的教学方法。在这种教学法中，教师可以利用多媒体技术创造出生动、有趣的教学场景。教师可以制作教学PPT、教学视频等多媒体教学资源，将教学内容以图文、声音、视频等形式进行展示，以增强学生对知识的理解和记忆。此外，通过使用多媒体互动软件，教师还可以设计各种教学活动和互动练习，提高学生的参与度和学习效果。

最后，基于虚拟现实教学工具的混合式教学法也逐渐流行起来。虚拟现实是一种模拟现实环境的技术，它可以帮助学生在虚拟环境中进行互动学习。比如，在医学教育领域，学生可以通过虚拟现实技术模拟真实的手术操作场景，进行操作实践的训练。这种教学法不仅提供了安全、实用的学习环境，还可以帮助学生更好地理解和掌握专业知识。

### （三）按照教学环境分类

在混合式教学法中，按照教学环境的不同，可以将混合式教学法进一步分类。教学环境是指学生进行学习的场所或平台，包括传统教室，在线教室、实验室、虚拟现实环境等。

#### 1.传统教室

传统教室是一种常见的教学环境，在混合式教学法中也有应用。在传统教室中，教师可以结合面对面授课和在线学习，通过传统教学方式引入知识点，然后通过在线学习平台进行拓展和巩固。学生可以在课堂上与教师进行互动，提出问题，而在在线学习平台上可以随时回顾课件、观看讲解视频，并参与在线讨论。

#### 2.在线教室

随着网络技术的发展，在线教室逐渐兴起并得到广泛应用。在线教室提供了一个虚拟的学习环境，学生可以通过网络接入课程内容，与教师和其他学生进行互动。在线教室可以实现实时的远程互动，学生不受地点限制，可以随时随地参与学习。教师可以通过在线教室进行直播授课、在线答疑和考试等教学活动，提供更加灵活和便捷的学习方式。

#### 3.实验室

在混合式教学法中，实验室可以作为一个重要的学习场所，学生可以进行实践操作和实验探究。通过结合实验室教学和在线学习，可以有效提升学生的实践能力和解决问题的能力。实验室可以提供丰富的实验设备和资源，为学生提供实践操作的机会，同时在线学习平台可以提供实验指导、实验数据分析等支持。

#### 4.虚拟现实环境的应用

虚拟现实环境可以创造出身临其境的学习环境，学生可以通过虚拟现实设备进行虚拟实验、虚拟操作等，实践和探索在虚拟世界中进行。虚拟现实环境在模拟复杂和危险的实际操作中具有优势,可以提供更安全和高效的学习体验。

## 三、混合式教学法的特点

### (一)灵活性

混合式教学法的特点之一是灵活性。在传统的面对面教学中,学生的学习进度和学习方式往往受限于固定的课堂时间和教师的教学计划。而在混合式教学法中,学生可以根据自己的学习进度和兴趣自由地安排学习时间和方式。学生可以在课堂上听讲,通过在线学习平台进行课后作业和复习,并在需要的时候向教师咨询问题。这种灵活性不仅可以提高学生的学习效果,也能够激发学生的学习兴趣和学习动力。

混合式教学法的灵活性还体现在教师的教学安排上。传统的面对面教学中,教师需要按照固定的时间和地点进行教学,很难根据学生的实际情况进行个性化的教学。而在混合式教学法中,教师可以根据学生的学习情况和需求进行灵活的教学安排。教师可以根据学生的学习进度和理解程度,适时地调整教学内容和教学方法,以满足学生的不同学习需求。这样不仅能够提高学生的学习效果,也能够增强教师和学生之间的互动和沟通。

混合式教学法的灵活性适应了学生多样化的学习方式和学习习惯。在传统的面对面教学中,教师通常采用讲解和演示的方式进行教学,学生需要按照教师的节奏进行学习。而在混合式教学法中,学生可以根据自己的学习方式和习惯选择适合自己的学习资源。学生可以通过阅读书籍、观看视频、参与讨论等方式进行学习,提高学习效果和学习兴趣。同时,学生还可以根据自己的学习进度和学习需求进行自主学习和自我评估,提高学习效果和学习能力。

(二)互动性

互动性是混合式教学法的一个显著特点。与传统教学相比,混合式教学法提供了更多的机会和平台,促进学生之间以及学生与教师之间的积极互动和合作。这种互动性的增加在很大程度上改变了传统教学中单向传授知识的模式,使学生的学习变得更加主动与有参与性。

混合式教学法通过利用在线学习平台、社交媒体工具和在线讨论等技术手段,为学生提供了丰富的互动平台。学生可以通过这些平台与同学和教师进行交流和讨论,分享自己的观点和想法。在线讨论的形式还可以使学生针对课程内容提出问题,解答问题,共同探讨和解决问题。这种互动的过程,不仅有助于学生加深对知识的理解和应用,还培养了学生的合作能力和沟通能力。

混合式教学法将传统教室中的互动扩展到了虚拟教室。学生可以通过在线视频会议等形式与教师进行实时互动,进行课堂讨论和思想交流。这种形式的互动不受时间和空间的限制,使得学习更加灵活和便捷。同时,教师也可以通过在线平台对学生的学习情况进行即时监测和反馈,促进学生积极参与到学习中来。

混合式教学法通过游戏化学习和虚拟实境等技术手段,提供了更加丰富多样的互动体验。学生可以通过游戏化学习的方式参与到课程中,通过解决问题和完成任务来获得奖励和反馈。这种互动方式激发了学生的学习兴趣和情感投入,增加了学习的乐趣和动力。同时,虚拟实境技术可以模拟真实的情境和场景,让学生参与其中,提升学习的效果和体验。

(三)积极性

在混合式教学法中,积极性是一个非常重要的特点。通过结合传统教学和在线学习,教师和学生在教学过程中能够更加积极地参与其中。首先,通过在线学习的方式,学生可以根据自己的时间安排进行学习,不受传统教学的限制。这种自主学习的方式能够激发学生的学习兴趣和积极性。学生可以根据自己的学习需求和兴趣选择学习的内容和方式,更好地满足个性化学习的需求。

其次,混合式教学法提供了更多的互动和合作机会,激发学生的积极参与和思考能力。在传统教学中,学生往往是被动接受知识,而在混合式教学中,学生可以通过在线平台进行课堂讨论、团队合作等,与教师和其他同学进行互动。这样的互动能够促进学生的思维能力和表达能力的提升,培养学生的合作精神和创造力。

最后,混合式教学法也能够增强学生的学习动力和目标感。通过在线学习平台,学生可以及时地了解自己的学习进度和成绩,能够快速反馈自己的学习情况并进行调整。这种及时反馈能够激发学生的学习动力,帮助学生更好地设定和实现学习目标。同时,混合式教学法也提供了更多样化的学习资源和学习方式,激发学生探索和发现的兴趣,增强学习的主动性和积极性。

### (四)效率性

混合式教学法的一项重要特点是其高效率。通过融合传统面对面教学和在线学习,在教学过程中能够最大化地提高教学效果和教学效率。

首先,混合式教学法为学生提供了更多的学习时间。在传统的面对面教学中,学生通常需要前往教室进行学习。然而,在混合式教学法中,学生可以根据自己的时间和地点来进行学习。学生可以根据自己的喜好和时间安排,在在线平台上完成某些学习任务,而不需要受到时间和空间的限制。这种灵活性的安排使得学生能够更好地掌握学习的节奏,提高学习的效率。

其次,混合式教学法提供了更多的资源和工具来支持学习。通过在线学习平台,学生可以获得丰富的学习资源,如电子书籍、多媒体资料、学习视频等。这些资源不仅能够满足学生的不同学习需求,还能够提供更多的信息和案例供学生参考。此外,混合式教学法还可以利用各种技术工具来增强学习的互动性,例如在线讨论、虚拟实验等。这些为学生创造了更多的学习机会和交流机会,从而提高学习效率。

再次,混合式教学法注重个性化学习,提高学习效率。每个学生都具有不同的学习风格和学习需求。在传统的面对面教学中,教师通常难以满足每个学生的个性化需求。然而,混合式教学法可以根据学生的学习情况和反馈来调整教学内容和方式,使其更加符合学生的需求。这种个性化的学习方式可以提高学习效率,使学生更加主动地参与学习,提高学习的积极性。

## 第二节 混合式教学法的理论基础

### 一、掌握学习理论

#### (一)掌握学习理论概述

在混合式教学法中,深入了解和掌握学习理论的定义与性质是至关重要的。学习理论是指描述和解释个体学习过程的理论框架,由一系列概念、原则和假设构成。掌握学习理论有助于教师深入了解学习的本质,更好地指导和设计学习活动。

学习理论是关于学习过程的研究,涵盖了学习目标的设定、学习方法的选择、知识的获取与建构等方面。混合式教学法提倡根据学生的特点和学习目标选择合适的学习理论,以提高学习效果。例如,针对重复性记忆任务,可以运用主动学习理论的原则,采取个体主动参与、反思、总结的方式进行学习,增强记忆效果。

学习理论具有不同的性质和侧重点。行为主义理论强调学习通过外部刺激和反馈来塑造行为,关注学习过程中显性的可观察行为。认知主义理论则侧重于人脑的信息处理过程,强调学生的注意、记忆、思维和问题解决能力。建构主义理论则认为学习是一种主动的知识建构过程,强调学生的经验、观念和语境对学习的影响。

在混合式教学法中,教师需要综合运用各种学习理论,充分考虑学生的特点和需求。例如,在混合式学习中,教师可以运用建构主义理论的原则,通过鼓励学生参与讨论、分享经验,促进知识的建构和理解。同时,也可以运用认知主义理论的原则,通过提供多样化的学习资源和引导学生进行思考和反思,培养其自主学习的能力。

(二)掌握学习理论在混合式教学法中的应用

混合式教学法作为一种新兴的教学法,融合了传统面对面教学和在线学习的优势,被广泛应用于各个教育领域。在混合式教学法中,掌握学习理论至关重要,对于提高学生的学习效果具有重要的影响。

首先,掌握学习理论可以提升学生对知识的理解和掌握。掌握学习理论强调学生对知识的积极参与和主动思考,通过不断练习和实践,学生能够将所学知识内化为自己的知识。在混合式教学法中,可以通过在线学习平台提供的各种学习资源和练习题,让学生更加主动地参与学习过程,进行反复练习和学习。这种反复练习和学习的过程,可以帮助学生巩固所学知识,提高对知识的理解和掌握程度。

其次,掌握学习理论还可以促进学生的自主学习和自我评价能力的培养。混合式教学法中,通过在线学习平台提供学习资源和学习任务,学生可以根据自己的学习需求和学习情况进行有针对性的学习。学生可以自主选择学习的时间和地点,根据自己的学习方式和节奏进行学习。同时,学生还可以通过在线学习平台提供的自测和评估机制,对自己的学习情况进行评价和反思,及时调整学习策略,提高学习效果。

最后,掌握学习理论还可以促进学生之间的合作学习和互动交流。在在线学习平台上,学生可以通过论坛、讨论组等方式进行学习内容的讨论和交流,分享自己的学习心得和体会。这样的合作学习和互动交流,能够促进学生之间的相互理解和支持,培养学生的合作精神和团队合作能力。

### (三)掌握学习理论在混合式教学法中的实际效果

在混合式教学法中,掌握学习理论具有重要的作用。掌握学习理论是指学生通过积极参与、实践和思考来掌握知识和技能的过程。在混合式教学法中,教师可以利用掌握学习理论的原则和方法,提高学生对知识的理解和应用能力。

#### 1.通过提供丰富的资源来帮助学生更好地掌握知识

通过网络平台和多媒体技术,教师可以为学生提供更丰富、更生动的学习资料,包括图像、视频、模拟实验等。这些资源可以让学生以不同的方式接触和理解知识,从而深入学习并掌握知识。

#### 2.促进学生主动学习

在传统的面对面教学中,学生往往是被动接受知识。而在混合式教学法中,学生可以根据自己的兴趣和学习习惯选择合适的学习资源和学习路径。学生可以在网络平台上进行自主学习,参与讨论和合作,积极思考和主动解决问题。这种主动学习的过程可以增强学生的积极性,并提高他们对知识的掌握程度。

#### 3.培养学生的合作和交流能力

在网络平台上,学生可以与同学进行即时交流和合作,共同解决问题和分享经验。这种合作和交流的方式可以让学生互相学习和评价,提高学生的思维能力和解决问题的能力。通过与他人的合作,学生可以更深入地理解和掌握学习内容。

#### 4.根据学生的学习情况进行个性化教学

通过网络平台收集学生的学习数据和反馈信息,教师可以了解学生的学习进度和困难,针对性地进行指导。教师可以根据学生的学习情况,调整教学内容和策略,帮助学生更好地掌握学习内容。

## 二、深度学习理论

### (一)深度学习理论概述

深度学习理论是一种基于神经网络的机器学习方法,在解决复杂问题和处理大规模数据集方面取得了显著的成果。它模拟了人类神经网络的结构和功能,通过多层次的神经元连接来实现对数据的自动学习和抽象表示。

深度学习理论具有以下几个主要性质。首先,它具有非线性映射能力,能够通过多层次的非线性变换来学习数据中的特征表示。这使得深度学习在处理高维数据和复杂模式识别任务时具有较强的表达能力。其次,深度学习是一种端到端的学习方法,能够从原始数据中直接学习用于决策和预测的模型,减少了人工特征工程的需求。再次,深度学习利用反向传播算法来进行训练,通过最小化损失函数来调整网络参数,从而使得网络能够逐渐适应数据的分布特征。最后,深度学习理论的模型参数较多,但通过有效的优化算法和并行计算技术,可以有效地降低训练时间和计算成本。

在混合式教学法中,深度学习理论被广泛应用在教育领域。它通过构建多层次的网络结构,模拟人类大脑的学习过程,实现对学生知识的深度理解和高效记忆。深度学习理论能够根据学生的特点和需求,自动调整学习内容和难度,提供个性化的学习体验。同时,深度学习理论还能够通过分析学生的学习行为和表现,提供详细的学习反馈和指导,帮助学生发现问题、调整学习策略,提高学习效果。

在混合式教学法中,深度学习理论得到了实际应用并取得了显著的效果。研究表明,利用深度学习理论的教学方法可以提高学生的学习兴趣和参与度,促进学生的主动学习和思维能力的培养。此外,深度学习理论还可以帮助教师更好地了解学生的学习情况和需求,个性化地设计教学内容和评价方式。深度学习理论的应用为混合式教学法的改革和发展提供了新的思路和方向。

### (二)深度学习理论在混合式教学法中的应用

在混合式教学法中,深度学习理论被广泛应用,使得学生能够更加深入地理解和掌握知识。深度学习理论强调学习的深度与广度,鼓励学生通过思考、探究和合作来建构自己的知识体系。

深度学习理论注重学生的主动参与。在混合式教学法中,学生通过在线学习平台、虚拟实验室等多种方式进行学习,不再局限于传统的教师讲授和课堂笔记。学生能够根据自己的学习风格和兴趣选择适合自己的学习资源,并主动探索和发现知识。这种探索式学习有助于激发学生的学习兴趣和动力,提高学生的学习效果。

深度学习理论倡导学生的批判思维和问题解决能力的培养。在混合式教学法中,学生通过参与小组讨论、案例分析、实践任务等活动,不仅仅是被动地接受知识,而是需要主动思考和分析问题。学生需要运用所学的知识进行判断、评估和解决实际问题,从而培养出批判思维和创新能力。这种积极参与的学习方式有助于培养学生的综合能力和解决实际问题的能力。

深度学习理论还强调学生的互动和合作。在混合式教学法中,学生可以通过在线讨论、合作项目等方式共同学习和探索。学生可以在虚拟环境中进行团队合作,共同解决问题并讨论不同的观点和解决方案。这种合作式学习有助于培养学生的团队合作能力和沟通能力,提高学生的协作和交流能力。

### (三)深度学习理论在混合式教学法中的实际效果

在混合式教学法中,深度学习理论作为一种重要的教育理论,在实践中展现出了显著的效果。首先,深度学习理论注重学生的主动参与和自主探究,通过提供多样化的学习资源和学习环境,鼓励学生深入思考和自主学习。例如，在混合式教学法中，通过在线学习平台的引导和支持，学生可以在任何时间和地点进行学习，并且可以根据自己的兴趣和需要选择学习的内容和学习方式。这种个性化的学习方式可以激发学生的学习热情和学习动力，提高学习效果。

其次，深度学习理论鼓励学生进行合作学习和互动交流，在混合式教学法中促进了学生之间的合作和交流。通过在线讨论论坛、小组项目、远程协作等方式，学生可以相互学习和分享经验，互相扶持和鼓励，从而增强了学习的深度和广度。混合式教学法中，学生可以通过在线协作平台共同解决问题、完成任务，培养团队合作和沟通能力，提高学生的综合素质。

最后，深度学习理论强调学习的终身性和可迁移性，在混合式教学法中有助于培养学生的终身学习意识和能力。通过在线学习资源和学习社区，学生可以不断探索和学习新知识、新技能，保持学习的活跃性。同时，混合式教学法中的学习成果和学习经验可以应用于实际生活和工作中，增强学生的实际应用能力和解决问题的能力。这种能力的培养不仅对学生在学校阶段有着积极的影响，更重要的是对其未来的职业发展和生活成长具有长期的影响。

## 第三节 高校英语混合式教学法设计与教学评价体系

### 一、高校英语混合式教学法设计

#### （一）教学目标的设定

1.混合式教学法的教学目标的理念

混合式教学法的出现，为高校英语教学目标的设定提供了更多的可能性与挑战。在传统教学模式中，教学目标主要以知识传授为核心，侧重培养学生的语言技能和应试能力。然而，在混合式教学法中，教师需要重新思考教学目标的设定，以更好地适应学生的学习需求和教学环境的变化。在这种教学法中，教学目标的设定理念应当更加综合与多元化。

首先，混合式教学法的教学目标应当注重学生的自主学习能力的培养。传统的教学目标往往是老师主导的，而在混合式教学法中，学生需要更多地负责自己的学习过程。因此，教学目标应当引导学生主动参与学习，培养其自主学习的习惯和能力，提高其信息获取、筛选和整理的能力。通过设定这样的目标，可以培养学生的学习动力和学习能力，使其在学习过程中发现自己的潜能。

其次，混合式教学法的教学目标应注重综合素养的培养。在传统的英语教学中，重点往往放在语言知识和语言技能的传授上，而混合式教学法给予教师更多的机会去关注学生的综合素养的培养。在设定教学目标时，教师可以考虑将学生的批判思维、创新能力、跨文化交际能力等列为目标。通过采用项目式学习、课堂合作等方式，帮助学生培养主动思考、团队合作等能力。

最后，混合式教学法的教学目标应注重可持续发展。混合式教学法不仅仅是一种教学手段，更是一种教育理念。因此，在设定教学目标时，教师应当考虑学生的长远发展与可持续学习能力的培养。教学目标应当注重培养学生的自主学习能力、自我评价能力和持续学习的意识，以便学生能够在今后的学习和工作中不断提高自己的能力和素质。

2.高校英语教学目标的设定方法

要实施混合式教学法，高校英语教学目标的设定是至关重要的。在设定目标时需要考虑到混合式教学法的特点，充分结合学生的需求和实际情况。下面介绍几种高校英语教学目标的设定方法。

(1)明确教学目标的可行性和具体性

这意味着教学目标应该能够在混合式教学法中实现，并且要具体明确。一个明确的教学目标应包括具体的语言技能、知识及其运用等方面。例如，教学目标可以是提高学生的听说能力，让学生能够流利地进行英语口语交流。要让目标具体起来，可以设定学生能够进行日常生活交流、展开简单的英语演讲等。

(2)根据学生的学习需求及程度确定教学目标

在混合式教学法中，学生的需求各异，因此要针对不同的学生制定不同的目标。例如，对于基础能力较弱的学生来说，目标可能是提高基本词汇量、掌握基本语法结构等；而对于能力较强的学生来说，目标可能是提高学术写作能力、扩展专业词汇量等。因此，在设定教学目标时要充分考虑学生的学习需求和水平差异。

(3)应该与学科的课程标准和教材内容相匹配

教学目标应与课程安排以及教材内容相协调，确保学生在混合式教学法中能够达到目标。例如，如果教材中强调听力训练，那么教学目标可以设定为提高学生的听力理解能力。教学目标与教材的结合可以更好地指导教学实践，使混合式教学法发挥更大的作用。

(4)要定期进行教学目标的评估和调整

在混合式教学法中，学生的学习进度会有所不同，因此要根据学生的实际表现及时调整教学目标。通过定期的测评和反馈，可以了解学生的学习情况，对目标进行修订和调整，确保混合式教学法达到预期的效果。

3.高校英语混合式教学法目标的特性及价值

高校英语混合式教学法的教学目标具有一些独特的特性和价值。首先，混合式教学法能够实现个性化的教学目标。传统的面对面教学往往注重整体的教学目标达成，忽视了学生个体差异的情况。而通过混合式教学法，教师可以根据学生的不同需求和学习进度，设置个性化的教学目标，使每个学生都能够得到更精准的教学指导。

其次，混合式教学法能够提高学生的学习兴趣和主动性。混合式教学法通过引入多样化的学习资源和互动方式，激发学生的学习兴趣，提高他们的主动参与度。学生可以通过网络平台进行自主学习和互动交流，从而增强学习的积极性和效果。

最后，混合式教学法还能够培养学生的自主学习和合作能力。在混合式教学法中，学生需要主动搜索和筛选学习资源，进行自主学习。同时，学生还能够通过网络平台和同学进行交流和合作，共同解决学习问题，提升团队合作能力。这种自主学习和合作的过程不仅能够培养学生的学习能力，还有助于学生的综合素质和职业能力发展。

高校英语混合式教学法的目标设计和实施符合现代教育理念和教学发展趋势，能够推动教育教学的创新和改革。通过应用混合式教学法，高校能够更好地适应信息化时代的教育需求，培养具备创新能力和动手实践能力的高素质人才。

此外，混合式教学法还能够提升教师的教学能力和教学效果。教师可以通过网络平台进行教学资源的分享和交流，丰富自己的教学素材。同时，教师还可以通过网络平台进行学生学习情况的分析和评估，及时调整教学策略，提高教学效果。

### （二）高校英语混合式教学法的课程内容设计与教材选择

#### 1.混合式教学法的课程内容设计

在高校英语混合式教学法中，课程内容的设计是一个至关重要的环节。混合式教学法的特点是将传统的面对面教学与在线学习相结合，因此课程内容应该能够适应这种教学法的需求，既能够在面对面环节提供有效的教学实践，又能够在在线学习环节提供丰富的学习资源和活动。

首先，课程内容的设计应该注重学生的学习需求和实际应用。在制定课程大纲时，教师需要充分考虑学生的语言水平、学习目标和兴趣爱好，以及学生未来在实际应用中所需的语言能力。通过了解学生的背景和需求，教师可以选择合适的话题和教材，以满足学生的学习需求。

其次，课程内容的设计应该注重任务型教学和语言输出。混合式教学法注重学生的主动参与和实践，因此课程内容应该具有一定的实际应用性和任务性。教师可以通过设置各种任务和项目，让学生在课堂上进行真实的语言交流和实践，培养学生的语言表达和应用能力。同时，课程内容也应该鼓励学生进行语言输出，比如写作、演讲和讨论等，以进一步提高学生的语言表达能力。

最后，课程内容的设计还应该注重多媒体资源的应用。在混合式教学法中，教师可以利用各种技术设备和多媒体资源，如视频、音频和互动课件等，来丰富课堂教学和在线学习的内容。通过多媒体资源的运用，教师可以提供更多的实例，更直观地展示语言知识和运用，从而激发学生的学习兴趣和积极性。

2.混合式教学的教材选择原则

在高校英语混合式教学中，教材的选择是至关重要的。合适的教材可以提高学生的学习效果和教学质量。在选择教材时，需要考虑以下几个原则。

首先，教材应当符合混合式教学的特点和需求。混合式教学强调学生的主动学习和自主探究，因此，选用的教材应当具有启发性和互动性。教材内容应当能够引发学生的兴趣，激发学生的学习动力。同时，教材中的练习和任务设计也应当鼓励学生进行思考和合作，以培养学生的自主学习能力和团队合作精神。

其次，教材应当贴近学生的实际需求。混合式教学注重培养学生的综合语言运用能力，故所选教材应当涵盖各种不同主题和话题，以满足学生在实际交际中所需要的语言技能。教材中的材料和练习应当与学生的专业背景和实际生活相结合，使学生能够将所学知识应用到实际情境中，提高学生的语言认知和应用能力。

再次，教材的语言难度应当适宜。混合式教学中，学生往往具有不同的英语水平和学习背景,因此,在教材选择时,应当根据学生的实际情况和水平进行合理的选择。教材内容可以从简单到复杂,渐进式地引导学生提升语言能力。同时,也要注意材料的多样性,涵盖不同文体和风格的文章,以便培养学生的阅读和写作能力。

最后,教材的选用还应当考虑到学校和教师的要求。学校可能对教学大纲、教材评估等有相应要求,教材的选择应当符合学校的教学管理规定。同时,教师也应当根据自身教学经验,选择适合自己教学方式的教材,以便更好地利用教材进行混合式教学。

3. 混合式教学法教材的特点

在高校英语混合式教学中,选择合适的教材非常重要。合适的教材可以有效地支持学生的学习,提供适当的内容和材料以满足学生的学习需求。教材的选择需要考虑到混合式教学环境下的特性和要求。

(1)互动性

由于混合式教学融合了传统教学和在线学习的元素,学生可以通过课堂互动和在线学习平台进行互动。因此,教材应当设计为可以激发学生参与的方式,包括问题引导、案例分析、小组讨论等。这样有助于学生在课堂和线上学习中积极思考和交流。

(2)多样化的学习资源

学生可以通过在线平台获取各种学习资源,如教学视频、互动课件、练习题等。因此,教材应当涵盖丰富的学习素材,以满足学生的不同需求。教材可以结合真实的情境和实际的例子,让学习变得更加生动有趣。

(3)教材的内容应当与教学目标保持一致

教材的选择应当紧密围绕教学目标,使学生能够在学习过程中达到预期的学习成果。教材应当具有循序渐进的组织结构,以帮助学生逐步掌握知识和技能。此外,教材还应当提供适当的评估和反馈机制,以帮助学生检查和巩固学习效果。

### (三)课堂组织与管理

#### 1.课堂组织策略

混合式教学法作为一种结合传统面对面教学和在线学习的教学法,对于课堂组织和教学策略提出了新的要求。在混合式教学中,教师需要采取一些有效的策略来促进学生的参与和提高学习效果。

在课堂组织中,教师应注重提高学生的主动参与度。在混合式教学中,学生可以在课堂外进行预习和复习,因此,教师可以在课堂中进行更多的互动和讨论。例如,可以设计小组讨论的活动,让学生分组进行问题解答或案例分析,充分发挥学生的学习能动性。同时,教师还可以通过提问、讲解、示范等方式引导学生思考和参与。

在课堂组织中,教师应注重合理安排学习资源的使用。在混合式教学中,学生可以通过各种辅助教学资源进行学习,如教材、网络课件、在线学习平台等。教师在组织课堂时应根据教学目标和学生的学习情况,合理选择和使用这些资源。例如,可以提前将相关教材和课件上传至学习平台,让学生提前预习和准备,使课堂更加高效和精彩。

课堂组织中的评价和反馈也是至关重要的。在混合式教学中,教师可以利用在线学习平台进行学生作业的批改和评价,及时给予学生反馈。此外,教师还可以通过问答、讨论等方式评估学生对知识的理解与掌握情况。通过及时的评价和反馈,教师可以调整教学策略,帮助学生更好地学习。

#### 2.课堂管理模式

有效的课堂管理模式对于确保教学效果至关重要。在高校英语混合式教学中,可以采取以下几种课堂管理模式。

(1)倡导学生主导学习的课堂管理模式

在混合式教学中,学生可以自主选择学习资源、自主安排学习时间。教师可以引导学生制定学习计划,设定学习目标,并给予必要的指导和反馈。

同时，教师还可以鼓励学生进行合作学习，通过小组讨论、项目合作等方式来促进学生之间的交流和合作。

(2)采用个性化学习的课堂管理模式

在混合式教学中，学生可以根据自己的学习风格和学习进度选择适合自己的学习方法。教师可以根据学生的学习情况，灵活调整教学内容和教学方式，给予个别学生更多的支持和指导。通过个性化学习的课堂管理模式，可以提高学生的学习积极性和学习效果。

(3)注重教师与学生的互动和反馈的课堂管理模式

在混合式教学中，教师需要及时与学生进行沟通和交流，了解学生的学习情况和学习困难。教师可以通过在线讨论、个别辅导等方式与学生进行互动，并给予适时的反馈。同时，教师还可以通过学生的学习表现和成绩等来评估教学效果，及时调整教学策略。

(4)借助技术设备和平台的课堂管理模式

在混合式教学中，教师可以借助多媒体设备、在线学习平台等工具来提供丰富的学习资源和教学材料。通过技术设备和平台的应用，教师可以更好地管理和组织课堂，提供多样化的学习体验和互动形式。

3. 混合式教学法中的师生互动机制

在混合式教学中的师生互动机制是实现教学目标和促进学生参与和学习的重要手段。在传统的面对面教学中，师生之间的互动主要通过课堂讲解、提问和回答的形式进行。然而，在混合式教学中，教学形式的多样性要求教师探索新的师生互动方式。

教师可以通过在线讨论平台来与学生进行互动。在线讨论平台能够为学生提供一个交流的平台，使得学生能够互相交流和学习。教师可以在平台上发起问题或话题，引导学生进行思考和讨论，然后及时给予反馈和指导。通过这种方式，教师能够更好地了解学生的学习情况和问题，并及时给予帮助和引导。

教师可以利用在线测验和问答形式来与学生进行互动。通过设置在线测验和问答,教师能够精确了解学生的学习情况,并及时针对学生的问题进行指导和解答。同时,这也能够培养学生解决问题的能力和自主学习能力,促进学生的主动参与和思考。

教师可以利用视频会议等信息化技术与学生进行实时互动。通过视频会议,教师可以与学生进行面对面的交流和讨论,提高教学的亲和力和实时性。同时,教师还可以借助屏幕共享和白板功能,展示教学内容和示范操作,进一步引导学生学习和思考。

在混合式教学中,还可以采用个性化的学习路径和个别化的指导。教师可以根据学生的学习目标和需求,为学生提供量身定制的学习计划和指导。这样能够更好地满足学生的学习需求,提高学生的学习效果和满意度。

4.学习评价方法

在混合式教学中,学习评价是至关重要的环节。学习评价的目的是了解学生的学习情况,评估学生的学习水平和语言能力,并为教师提供改进教学的依据。在混合式教学中,由于不同于传统教学方法,学习评价也需要进行相应的调整和优化。

首先,可以采用多元化的评价方法。传统的考试、测验等方式只能评估学生的记忆和应试能力,而在混合式教学中,教师可以结合其特点,采用更多样化的评价方式。例如,可以引入项目作业、小组讨论、个人报告等形式,让学生在实际应用中展示语言运用能力和综合能力。通过这样的多元化评价方式,可以更全面地了解学生的学习情况。

其次,评价的重点应更注重学生的学习过程。在混合式教学中,学生的学习过程是至关重要的,因为混合式教学法注重学生的积极参与和自主学习。因此,评价不应只关注学生最终的成绩,而应更加重视学习过程中的表现。可以通过观察学生在课堂上的互动情况、参与程度,分析学生对教材的理解和应用能力,以及学生在混合式学习中的协作能力等。同时,还可以结合学生的学习日志、反思报告等,了解他们的学习态度和反思能力。

最后,还可以利用技术设备与平台来辅助学习评价。在混合式教学中,学生通常会通过线上学习平台进行学习,教师可以利用这些平台来对学习进行评价。例如,可以使用在线测验功能进行课程知识的评估,或者通过在线讨论平台,观察学生在讨论中的表现和参与程度。这样一方面可以减轻教师的负担,另一方面也可以更精准地评价学生的学习情况。

## (四)技术设备与平台的选择使用

### 1.必备的技术设备

为了有效地实施混合式教学法,恰当的技术设备是不可或缺的。在这一部分,将重点讨论一些常见的技术设备,这些设备在混合式教学法中具有重要的作用。

(1)电脑和网络设备

电脑在混合式教学法中处于核心地位。它为教师和学生提供了丰富的资源和交流平台。通过电脑,教师可以准备和上传教学材料,设计在线学习任务,并与学生进行在线交流。学生也可以利用电脑进行课前、课中和课后的学习活动。网络设备则是连接学生和教师之间的桥梁,它为双方提供了即时的沟通和互动机会。

(2)投影仪

投影仪在混合式教学法中非常实用,它可以将教师的电脑屏幕上的内容投影到大屏幕上,使得学生可以清楚地看到教学材料、多媒体资源和在线演示。投影仪的使用不仅提升了教学效果,也增强了学生的参与度和理解能力。

(3)音频设备、视频设备和录音设备

音频设备可以用于播放录音材料,提供语言输入的听力训练;视频设备则可以用于播放教学视频、电影片段等,为学生提供视觉输入;录音设备则可以用于学生的发音训练和口语练习。这些设备的使用,可以丰富教学内容，促进学生的语言技能和沟通能力的提高。

(4)移动设备

随着智能手机和平板电脑的普及，学生可以在任何时候、任何地点进行学习。学生可以通过移动设备访问在线课程、学习资源和教学平台。这种灵活性和便利性为学生提供了更多的学习机会，并促进了学习的主动性和积极性。

2. 教学平台的选择

在混合式教学中，选择合适的教学平台是至关重要的一步。教学平台不仅可以提供学生与教师之间的互动和交流平台，还能有效地支持教学内容的呈现和学习资源的管理。

(1)平台的稳定性和可靠性

教学平台需要能够长时间稳定运行，不容易出现故障或中断，从而保证教学的顺利进行。此外，平台应支持多种设备和操作系统，以满足学生在不同终端上的学习需求。

(2)平台的功能和学习工具

一个好的教学平台应该拥有丰富的功能和提供多样化的学习工具，以满足不同教学需求。例如，平台应提供在线作业提交、讨论区、学习资源存储和共享等功能，同时还应提供在线测试、练习、课程录像等学习工具，以促进学生的积极参与和学习效果的提升。

(3)平台的用户友好性

一个简洁、直观的界面设计可以让学生和教师更容易上手和使用，减少他们在操作上的困扰和时间成本。同时，平台的导航和搜索功能应该清晰明了，以便用户快速找到所需的内容和工具。

(4)平台的数据安全性和隐私保护

在教学平台中，学生和教师会输入和存储大量的学习和教学信息，因此，平台应具备高度的数据安全和保护机制，以保障学生和教师的隐私权和信息安全。

(5)评估教学平台提供商的技术支持和服务质量

平台提供商应具备专业的技术团队,能够及时解决平台使用过程中出现的问题和故障。同时,提供商还应提供良好的培训和支持服务,以帮助教师和学生熟悉和使用平台。

3.平台的有效利用

在混合式教学中,选择合适的教学平台并且有效地利用它们是至关重要的。教学平台是指通过网络和技术设备提供教学资源和交流平台的工具。通过利用这些平台,教师可以为学生提供个性化学习的机会,创造积极的学习环境,并提升教学效果。

首先,选择适合的教学平台是关键。在选择教学平台时,要考虑其功能和特点是否与高校英语教学要求相符合。例如,一个有效的教学平台应该具备在线课程管理、学生作业提交和批改、在线讨论和互动、资源共享等功能。此外,平台的稳定性和安全性也是需要考虑的因素。

其次,在利用教学平台时,教师应该充分发挥其优势。一方面,教师可以通过上传课件和学习资源,提供丰富的学习资料,方便学生进行自主学习。另一方面,教师还可以组织线上讨论和互动,鼓励学生之间的合作和交流。通过这些方式,教师能够促进学生的主动参与和学习兴趣的培养。

再次,教师可以利用教学平台进行学习评估和反馈。通过在线作业的提交和批改功能,教师可以及时了解学生的学习情况和表现,并及时提供个性化的反馈和指导。这不仅可以帮助学生及时修正错误,提升学习效果,也能提供教师个性化教学的参考依据。

最后,教师还可以利用教学平台共享教学资源和经验。通过建立资源库和在线教研平台,教师可以共享教学设计、课件、试题等教学资源,相互借鉴和学习。这样有助于提高教师的教学水平和教学效果,促进教学改革和创新。

## 二、高校英语混合式教学法评价体系

### (一)形成性评价体系

#### 1.形成性评价概述

形成性评价是一种旨在帮助学生发展和提高学习能力的评价方式。与传统的单次终结性评价不同,形成性评价注重对学生学习过程的全面观察和记录,通过不断反馈和引导,促进学生的自我认知和学习成长。

形成性评价具有以下几个特点:首先,形成性评价强调过程性。它注重对学生学习活动的记录和观察,以及对学习行为和思维过程的分析和评价。这使教师能够深入了解学生的学习情况,及时发现问题并进行指导。其次,形成性评价是多维度的。它不仅关注学生的学术表现,还关注学生的思维能力、沟通能力、合作能力等其他方面的发展。通过多维度的评价,能够更全面地了解学生的综合素质和发展情况,从而制定个性化的教学目标和策略。再次,形成性评价是动态的。它强调对学生学习过程的实时观察和反馈,使教师能够及时调整教学和学习策略。通过不断地反馈和引导,形成性评价鼓励学生在学习中持续改进和反思,促进其学习动力和自主学习能力的提升。最后,形成性评价是个体化的。它注重每个学生的特点和需求,不同学生之间的评价方式和内容可能有所区别。形成性评价倡导根据学生的个体差异,制定相应的目标和评价标准,以帮助每个学生实现最大的学习潜力和发展。

#### 2.形成性评价的应用

在高校英语混合式教学中,形成性评价具有重要作用。它与传统的单一评价方式相比,更加注重学生的全面发展和个性化学习。

首先,形成性评价能够帮助教师了解学生的学习进展和困难。通过定期的评价活动,教师可以收集到学生在语言技能、学习策略和沟通能力等方面的表现数据。基于这些数据，教师能够了解学生的弱势和需求，有针对性地调整教学内容和方法，以更好地满足学生学习的个性化需求。

其次，形成性评价有助于激发学生的学习动力和自主性。传统的评价方式往往注重一次性的测验和考试，容易造成学生的焦虑和压力。而形成性评价的特点在于通过学期中的多次评价，使学生能够更好地认识到自己的进步和不足，并根据反馈信息调整学习策略。这种评价过程能够激发学生的自主学习意愿，促使学生积极主动地参与到学习中来。

最后，形成性评价还能够提升学生的学习效果和质量。通过形成性评价的过程，学生能够接受及时的反馈和指导，及早纠正错误和改进不足。这种及时性的反馈和指导能够帮助学生更好地理解和掌握知识，提高学习效果。此外，形成性评价的多样性和个性化特点，有助于激发学生的学习热情和创造力，促进学生在英语学习中取得更好的成绩。

3.形成性评价的实施策略与效果评估

形成性评价作为一种重要的评价方式，在实施过程中需要采取相应的策略，以确保其有效性，并对其效果进行评估。

在形成性评价的实施过程中，教师应该设计合适的评价任务和活动。评价任务应该具有一定的难度和挑战性，能够激发学生的学习兴趣和主动性。例如，可以设计小组合作项目、实践性任务或解决实际问题的案例研究等，以促进学生的思维能力和综合能力的培养。评价活动可以采用课堂讨论、小组展示、作品展示等形式，以便教师对学生的学习情况进行观察和评价。

教师应该及时反馈学生的学习情况，并提供具体的建议和指导。形成性评价的核心是帮助学生提高学习效果，因此，教师应该及时发现学生的学习问题，并给予正面的反馈和建议。在反馈过程中，教师应该关注学生的优点和成长，鼓励学生保持积极的学习态度，并提供个性化的学习建议，以帮助学生更好地完成学习任务。

教师应该注重学生自主学习能力的培养。形成性评价的目标之一是培养学生的自主学习能力和批判性思维能力。为了实现这一目标，教师可以通过引导学生制定学习计划、培养学生的团队合作能力、鼓励学生独立思考和解决问题等方式，激发学生的主动性和自学能力。

对形成性评价的效果进行评估是必要的。评估可以通过多种方式进行，例如问卷调查、学习成绩记录、学生自评或同学互评等。通过评估，可以了解学生对形成性评价的认知和态度，评价教师的教学效果，并根据评估结果进行相应的调整和改进，以提高形成性评价的有效性和可持续性。

### （二）“三位一体”评价体系

#### 1.“三位一体”评价体系概述

“三位一体”评价体系作为一种新的高校英语混合式教学法评价体系，在实施过程中具有重要作用。该评价体系的建立必须基于理论基础与合理的构成。

在“三位一体”评价体系的理论基础上，主要借鉴了形成性评价、综合评价和动态评价等相关理论。首先，形成性评价理论强调学生的主动参与和反馈机制的建立，以及对学生学习过程和成果的持续观察和评估。这一理论为“三位一体”评价体系提供了重要的基础。其次，“三位一体”评价体系的构成还涵盖了综合评价的要素。传统的综合评价主要注重学生的知识掌握和综合能力的考察，而“三位一体”评价体系更加强调学生的语言运用能力和跨文化交际能力的培养。这使得评价体系更加综合和全面，能够真实地反映学生的语言发展水平。最后，在动态评价理论的指导下，评价体系强调对学生发展过程中的变化和进步进行持续性评估，并及时对教学进行调整和改进。这种动态评价理念为“三位一体”评价体系的实施提供了保障，不仅能够反映学生的学习情况，还可以对教学方法和策略进行有效的反馈和改进。

#### 2.“三位一体”评价体系在高校英语混合式教学中的实施

在高校英语混合式教学中，采用“三位一体”评价体系可以为教学过程提供全面而准确的评价。该评价体系由知识维度、能力维度和情感维度三个方面构成，通过对学生的知识掌握、能力发展和情感态度进行全面评估，以实现对学生全面发展的评价。

首先，在知识维度方面，评价体系注重测量学生对知识的掌握程度。教师可以通过各类测评工具，如测验、作业和考试，评估学生对课程内容的理解和掌握情况。同时，还可以通过学术报告、小组讨论等形式，评估学生对所学知识的应用能力，促使学生在知识维度上的全面发展。

其次，在能力维度方面，评价体系关注学生的综合能力培养。在混合式教学中，学生不仅仅是被动接受知识，更重要的是培养学生的批判性思维、创新能力和沟通能力。因此，在评价体系中，教师可以采用项目作业、案例分析和实践等方式，评估学生在实际问题解决和团队合作等方面的能力发展。

最后，在情感维度方面，评价体系强调培养学生的情感态度和价值观。高校英语混合式教学法旨在培养学生的综合素养，包括跨文化意识、人际交往和自我发展等方面。因此，在评价体系中，可以引入学生自我评价、同伴评价等方式，评估学生在情感维度上的成长和发展。

3.“三位一体”评价体系的实施效果与问题分析

在高校英语混合式教学中，实施“三位一体”评价体系取得了一定的效果，但也面临着一些问题和挑战。

首先，通过对学生的形成性评价，可以更加准确地了解学生的学习进度和掌握程度。学生通过参与课堂互动、小组合作和课后作业等方式展示自己的学习成果，教师通过观察和记录对学生的学习情况进行评价。这种形成性评价能够及时揭示学生的学习困难和差距，帮助学生及时调整学习策略，提高学习效果。

其次，凭借“三位一体”评价体系的多维度特点，评价结果更加全面准确。传统评价体系通常只关注学生的学习成绩，忽略了学生的综合素养和学习能力。而“三位一体”评价体系通过将学业、能力和品德纳入评价范畴，对学生的各个方面进行综合评价，更加全面地展示了学生的综合素质和潜力。

然而，实施“三位一体”评价体系也面临着一些问题。首先，评价的主体是教师，而学生参与评价的主动性还不够。在评价过程中，教师应促进学生积极参与，提高学生对自己学习情况的认知和反思能力。其次，评价标准和方法需要进一步完善和标准化。目前，“三位一体”评价体系的标准和方法尚不统一，存在主观性和不可比性的问题，需要进一步研究和改进。同时，评价结果的应用和反馈也需要加强，以便更好地指导学生的学习。

为解决上述问题，应采取以下措施：首先，培养学生的评价意识和主动参与评价的能力，鼓励学生利用评价结果进行学习反思和自我改进。同时，建立统一的评价标准和方法，确保评价的客观性和可比性。此外，评价结果应及时传达给学生和家长，并提供科学、针对性的反馈和指导，促进学生健康成长。同时，教师也应不断提升自身的教学水平和评价能力，以更好地实施“三位一体”评价体系。

### （三）多维动态评价体系

#### 1.多维动态评价体系概述

多维动态评价体系作为高校英语混合式教学法评价体系的一部分，在教育评价领域中扮演着重要的角色。它是一种基于学生学习过程的动态评价模型，旨在全面了解学生在不同学习阶段的发展状况，并为个性化教学提供有效支持。下面将从理论模型与特性两个方面进行探讨。

首先，多维动态评价体系的理论基础主要来源于学生发展理论、动态评价理论以及多元智能理论。学生发展理论认为学生的发展是一个渐进的过程，不同学生在不同时间段内具有不同的发展需求。动态评价理论强调评价的连续性和动态性，评价应该针对学生的实际表现，并通过反馈和支持来促进学生的进步。而多元智能理论则认为学生的能力和潜能具有多样性，评价体系应该充分考虑不同智能领域的发展。综合运用这些理论,多维动态评价体系建立了一个学生学习发展过程的综合模型,帮助教师了解学生的学习需求和发展潜能。

其次,多维动态评价体系具有以下特点。第一,它强调多维度的评价,不仅仅关注学生的学科知识,还关注学生的学习能力,思维方式,情感态度等方面。这有助于全面了解学生的发展情况,并为教师提供指导性的教学策略。第二,多维动态评价体系强调评价的动态性,即评价应该是连续的、反馈及时的,并根据评价结果进行教学调整。这样的评价模式不仅能够帮助学生不断改进自己的学习方法,也能够帮助教师及时调整教学策略,提供更有效的教学支持。

2.多维动态评价体系的应用

在高校英语混合式教学中,多维动态评价体系被广泛应用,以更全面地评估学生的学习进展和综合能力。多维动态评价体系的应用使评价不仅仅局限于学生的单一考试成绩,而是将学生在多个维度上的表现纳入考量,更加准确地反映学生的实际情况。

多维动态评价体系注重学生的学习过程,而非只关注学习结果。通过引入反馈机制和教师的实时评价,学生可以在学习过程中了解自己的弱点和进步,并及时调整学习策略。在高校英语混合式教学中,学生既可以通过在线学习平台进行自主学习,又可以参与实践活动,这为动态评价提供了更多的数据来源。

多维动态评价体系基于多种评价方法和工具,如考试、作业、小组合作项目和口语表达等,以全方位地评价学生的各项能力。例如,在高校英语混合式教学中,学生可以通过在线课堂与老师和同学进行实时互动,实施口语表达训练。这些互动过程可以被录制并作为评价材料之一,以评估学生的口语表达能力和交流能力。

多维动态评价体系充分考虑学生个体差异,强调个别化评价和学习支持。在高校英语混合式教学法中,每个学生的学习进度和需求都有所不同。多维动态评价体系通过分析学生的学习轨迹和数据,为每个学生提供个性化的学习建议和支持,促进其全面发展。

多维动态评价体系的应用在高校英语混合式教学法中面临一些挑战。首先是评价数据的收集和分析,需要教师具备一定的技术和数据分析能力。其次是评价结果的解读和使用,需要教师和学生共同理解和应用评价结果,以推动学习的持续改进。

3. 多维动态评价体系的实施方法与工具

在高校英语混合式教学法中,多维动态评价体系的实施是非常重要的一环。本部分将重点探讨多维动态评价体系的实施方法与工具,以期为教育工作者提供一些指导和借鉴。

首先,多维动态评价体系的实施需要建立一个全面而丰富的评价体系,以涵盖学生的各个方面。这包括对学生的知识掌握程度、综合能力发展、学习态度与习惯等进行评估。为了实现这一目标,可以采用定量和定性相结合的方式来收集评价数据,例如通过问卷调查、学习记录、作业和项目成果等来获得学生的反馈和表现情况。

其次,多维动态评价体系的实施需要选择适当的评价工具。在英语教学中,可以采用多种工具和方法来收集评价数据,例如口语和写作表现的评估,听力和阅读测试,以及课堂参与和团队合作等方面的评估。此外,还可以利用教育技术手段,如在线学习平台、教学软件和多媒体工具,来辅助评价的实施和数据的收集。

在实施多维动态评价体系时,还需要注意评价的时机和频率。评价不应该仅仅局限于学期末的考试和作业,而应该贯穿于整个学习过程。因此,可以采用小班讨论、课堂作业、个人学习计划的评价和反馈等形式,以实现对学生学习进展的实时监测和反馈。

最后,为了促进学生的主动参与和提高评价的准确性,可以使用自我评价和同伴评价的方式。通过自我评价，学生可以了解自己的学习情况，发现自身存在的问题并制定改进计划。

4.多维动态评价体系的实施效果与挑战

多维动态评价体系作为高校英语混合式教学法评价体系的重要组成部分，在实施中面临着一系列的挑战。

首先，多维动态评价体系的实施能够提高学生的学习动力和积极性。传统的评价体系往往注重对学生知识掌握程度的考核，而忽视了学生学习的兴趣和主动性。多维动态评价体系通过采用多种评价方法和方式，充分考虑学生的兴趣和特长，使学生能够更好地参与到学习过程中，提高学习的主动性和积极性。其次，多维动态评价体系的实施能够全面反映学生的综合能力和发展水平。传统的评价体系往往只注重学生的学科知识掌握情况，而忽略了对学生的综合素质和能力的评价。而多维动态评价体系通过引入多维度的评价指标，涵盖了学生的认知、情感、社交等多个方面，能够更全面地评价学生的能力和水平。

然而，多维动态评价体系在实施中也面临着一些挑战。首先，评价标准的确定和具体化是一个难题。由于学科特点和教学目标的不同，不同学校或教师对多维动态评价体系的评价标准可能存在差异，因此需要在实施前明确评价标准，并与教学目标相对应。其次，学生和教师对新评价体系的接受程度可能存在差异。由于传统评价体系的根深蒂固，学生和教师可能有一定的抵触情绪或不习惯于新的评价方式。因此，在实施过程中需要提供支持和培训，增强学生和教师对评价体系的理解和接受度。

此外，多维动态评价体系的实施还需要有效的评价方法和工具的支持。在实施过程中，如何选择合适的评价方法和工具，并在评价结果的反馈中帮助学生进行自我反思和提高，是一个关键的问题。因此，教师需要不断探索和运用有效的评价方法和工具，以提高评价体系的实施效果。

## 第四节 混合式教学法在高校英语教学中的应用

### 一、混合式教学法在高校英语听力教学中的应用

#### (一)混合式教学法在高校英语听力教学中应用的理论基础

在高校英语听力教学中引入混合式教学法,必须有牢固的理论基础支持。通过对相关学术研究的梳理和分析,我们可以发现,认知负荷理论、社交情境理论以及多元智能理论等是支撑混合式教学法的重要理论基础。

首先,认知负荷理论强调了学生在接收信息过程中所承受的认知负荷,并指导教师在教学设计中避免过高的认知负荷。混合式教学法兼顾了多种媒体资源,在听力材料的呈现上采用多元化的方式,如视频、音频等,通过提供多样化的学习资源,可以减轻学生在接收信息时的认知负荷,有助于提高学习效果和学习动力。

其次,社交情境理论强调了语言学习需要在真实的社交情境中进行,提倡学生在语言学习中的参与和互动。混合式教学法通过引入在线学习平台、虚拟社交网络等工具,创造了与他人实时互动的环境,促进了学生之间的交流与合作。在高校英语听力教学中,学生可以通过在线平台观看英语电影、参与讨论,模拟英语情境对话等,使听力训练更具有真实性和互动性。

最后,多元智能理论也为混合式教学法提供了理论依据。多元智能理论认为,每个学生都具备不同的智能类型,教学应根据学生的智能特点进行多元化的教学设计。混合式教学法通过多媒体资源的使用和学习过程的多样性,为学生提供了根据个体智能类型进行学习的机会。例如,对于言语智能强的学生,可以利用音频资源进行听力训练;对于视觉智能较强的学生,可以采用图像和视频材料加强学习效果。

（二）混合式教学法在高校英语听力教学中的实施

混合式教学法是指将传统面对面教学与在线教学相结合，以提升高校英语听力教学效果的一种教学方法。在混合式教学法的实施过程中，需要注意以下几个方面：

1.选用适当的在线教学工具和资源

混合式教学法强调教学过程的多样性和灵活性，教师可以根据学生的学习状况和需求，选择合适的在线教学工具，例如英语听力自学网站、听力视频课程等。这些工具可以提供丰富的听力材料和练习，帮助学生在课堂之外进行更多的听力训练。

2.合理安排在线教学与面对面教学的比例

混合式教学法并不是完全弃用传统面对面教学，而是将在线教学与面对面教学相结合。教师需要根据教学内容和教学目标，合理安排在线教学和面对面教学的时间比例。例如，在教授听力技巧和策略的内容上，可以采用在线教学的方式，而在听力实践和互动讨论的环节上，则可以侧重面对面教学。

3.在线教学的布置要有清晰的指导和反馈

学生在进行在线学习时，需要明确的学习目标和具体的学习任务。教师应提供清晰的指导，让学生明确每个学习任务的要求和目标，并定期给予学生反馈和评价。这样可以帮助学生更好地理解和掌握听力知识和技能，提高学习效果。

4.关注学生的学习动力和参与度

混合式教学法要求学生具备一定的自主学习能力和学习意愿。教师可以通过设置学习小组、组织讨论、开展学习任务等方式，激发学生的学习兴趣和主动性。同时，教师还可以利用在线学习平台的交互功能，促进学生之间的合作与互动，提高学习的参与度。

### (三)混合式教学法在高校英语听力教学中的效果评估

在混合式教学中,评估教学效果是一个重要的环节。通过对教学效果进行科学评估,可以了解到学生在英语听力方面的学习情况,为进一步的教学调整和优化提供指导意见。

一种常用的评估方法是定期进行听力测试。这些测试应该覆盖不同难度的听力材料,包括各种语速、口音和语境。通过这些测试可以直观地了解学生在各个方面的听力能力,并对教学效果进行客观评估。同时,教师还可以对学生的测试结果进行分析,了解学生在哪些方面存在困难,有针对性地进行教学。

除了定期测试外,教师还可以借助现代技术手段进行评估。通过录音和录像等设备记录学生在听力活动中的表现,再进行详细分析和评估。这种方式不仅能够客观地记录学生的听力表现,还能够提供更多的细节信息,以便教师更好地了解学生的英语听力学习中的问题,并给予有针对性的指导。

此外,教师还应该关注学生的学习态度和学习动机,对学生在课堂上的积极参与度以及对学习任务的主动性进行评估。这种评估能够反映学生对教学内容的吸收和应用情况,从而衡量混合式教学法对学生学习动力的促进效果。

### (四)混合式教学法在高校英语听力教学中应用存在的问题与对策

混合式教学法在英语听力教学中的应用已经取得了一定的成效,但也面临着一些挑战和问题。

首先,一个明显的问题是学生对混合式教学法的适应性。由于学生在传统面对面课堂中习惯了老师的直接教学和口头交流,转变为混合式教学法可能导致一些学生的困惑和不适应。学生可能缺乏自主学习的能力,对于自主选择合适的学习资源和利用学习工具的方法缺乏了解。为了解决这一问题，教师可以通过设置学习指导和小组合作学习等方式，帮助学生逐渐适应混合式教学法。

其次，混合式教学法中的技术设备和学习资源具有不稳定性。由于技术设备和学习资源的不统一性和不稳定性，学生可能会遇到网络延迟、设备故障等问题，从而影响学习效果。为了解决这一问题，学校应该加大投入，提供稳定的网络环境和可靠的技术设备，确保能够顺利进行混合式教学。

再次，还存在着混合式教学中学生学习动力不足的问题。由于混合式教学中学习的自主性较高，学生可能面临缺乏动力和自律性的困扰，从而导致学习效果下降。为了解决这一问题，教师可以通过激发学生的学习兴趣和参与度，设计有趣、互动性强的学习活动，提供及时的反馈和指导，以提高学生的学习动力和自律性。

最后，评价和监控学生在混合式教学法中的学习情况也是一个重要问题。传统的考试和测验方式可能无法全面准确地评估学生在混合式教学法中的听力水平和学习成果。因此，教师需要探索更加多样化和灵活的评价方式，例如结合学生的作品展示、口头表达和同行评价等，以全面了解学生的学习情况，并及时调整和改进教学方法。

## 二、混合式教学法在高校英语阅读教学中的应用

### （一）混合式教学法在高校英语阅读教学中的实施策略

混合式教学法是指结合传统面对面教学和在线教学手段，以提升教学效果的教学方法。在实施混合式教学法时，需要制定合理的实施策略，以确保教学目标达成。

#### 1.确定适合的内容

在选择适合的教学内容时，需要考虑到在线教学平台的特点和局限，将适合在线教学的内容与传统面对面教学相结合，形成有机的整体。在英语

阅读教学中,可以将课堂讲解和授课内容放在传统面授环节,而阅读材料的筛选、练习题的布置和在线讨论可以安排在在线教学环节中。

2. 充分利用在线资源

混合式教学中,网络资源是非常重要的一部分。教师可以引导学生利用各类在线阅读材料,如学术论文、报刊文章和英语原著等,以提高学生的阅读能力和理解能力。同时,还可以借助网络辅助教学工具,如在线词典、翻译工具和语音合成软件等,为学生提供更加丰富和便利的学习资源。

3. 注重学生的互动和合作

混合式教学法可以为学生提供更多的互动和合作机会。教师可以设计各类在线讨论、小组活动和合作项目,增强学生的学习参与度和合作能力。通过互动和合作,学生可以共同解决问题、分享经验,促进彼此的成长。

4. 注重评估和反馈

实施混合式教学法时,需要进行有效的评估和反馈机制。教师可以利用在线测试、作业和讨论等方式,对学生的学习成绩和表现进行评估。同时,及时给予学生反馈和指导,帮助学生发现不足并加以改进,提高学习效果。

(二)高校英语阅读混合式教学法的效果评估

混合式教学法作为一种新兴的教学方法,受到了越来越多高校英语教师的关注和应用。而对于这种教学方法的效果评估则是一个不可回避的问题。

首先,可以从学生学习成绩方面来评估混合式教学法的效果。通过对学生进行考试成绩的统计分析,可以比较传统的课堂教学和混合式教学法对学生成绩的影响。研究发现,混合式教学法可以提高学生的阅读能力和理解能力,使得学生在英语阅读方面取得更好的成绩。

其次,可以从学生的学习动机和学习态度方面来评估混合式教学法的效果。在传统的面对面课堂教学中,学生可能会出现学习动力不足、学习兴趣下降的情况。而混合式教学法通过融合线上学习和线下互动，为学生提供了更加灵活和多样化的学习方式，激发了学生的学习兴趣和积极性。研究表明，学生在混合式教学中对于英语阅读的学习动机和学习态度更加积极，学生更愿意主动参与到学习中并持续投入时间和精力。

最后，混合式教学法还可以促进学生的合作与交流能力的培养。通过在线论坛、小组讨论等形式，学生可以在学习过程中与同学进行互动和协作。这种合作与交流的机会不仅促进了知识的共享和交流，还培养了学生的团队合作精神和沟通能力。学生在混合式教学中能够通过与他人分享自己的观点和经验，丰富自己的知识结构和学习体验。

## 三、混合式教学法在高校英语写作教学中的应用

### （一）混合式教学法在高校英语写作教学中应用的优势

#### 1.提供了更多的学习资源和学习机会

通过网络教学平台，学生可以获得大量的学习资料，如教材、课件、视频等。学生可以随时随地进行学习，并且可以根据自己的进度进行学习安排，这为学生提供了更多的学习资源和学习机会，有助于提高他们的写作水平。

#### 2.增强了学生的学习动力和自主性

传统的面对面教学往往受到时间和空间的限制，学生在课堂上的学习时间较为有限。而混合式教学法使学生可以通过网络教学平台进行自主学习，学生可以在任何时间和地点进行学习，以适应自己的学习需求，这增强了学生的学习动力和自主性，激发了学生学习的兴趣和积极性。

#### 3.提供了更为丰富的学习方式和评估手段

传统的面对面教学主要以讲授为主，学生的学习方式相对单一，评估手段也比较有限。而混合式教学法融合了多种教学手段，如网络讨论、在线作业、小组合作等，学生能够以多种方式参与到学习中，丰富了学习的方式和

内容。同时,教师也可以通过网络平台进行自动化评估和反馈,及时发现学生的问题并进行指导,提高了教学的效果和质量。

值得注意的是,混合式教学法也存在一些不足。首先,学生可能存在技术能力的不足,对于一些技术操作不熟悉,影响了教学的顺利进行。其次,混合式教学法需要教师具备一定的技术能力和教学设计能力,否则可能导致教学内容和教学方法的质量不高。

### (二)高校英语写作混合式教学法的优势与不足

混合式教学法是一种将传统面对面教学与在线学习相结合的教学方法。在高校英语写作教学中,混合式教学法的应用具有一些明显的优势。首先,混合式教学法可以提供更加灵活的学习时间和地点。学生可以根据学生的时间安排和学习节奏,在线上进行学习,不再受制于传统课程的时间和地点限制。这样一来,学生可以更好地安排自己的学习计划,并且可以根据自己的情况进行自主学习。

其次,混合式教学法提供了更丰富的教学资源和学习工具。通过在线平台,学生可以轻松获取到各种学习资料、教学视频、写作范文等资源,使学习过程更加丰富多样,也更加贴近实际写作需求。此外,混合式教学法还可以引入各种互动式学习工具,例如在线讨论、写作实践、写作反馈等,促进学生之间的交流与合作。通过使用这些多样性的学习资源和工具,学生可以更有针对性地提升自己的写作技能和水平。

然而,混合式教学法也存在一些不足。首先,学生学习的自主性和自律性要求较高。在传统面对面教学中,教师可以通过监督和指导确保学生的学习进度。而在混合式教学中,学生需要在自主学习的过程中培养自己的学习能力和自我管理能力,以确保学习的顺利进行。其次,混合式教学法需要学生具备一定的信息技术能力。学生需要熟悉并灵活运用在线学习平台、学习工具和软件,以确保能够顺利进行学习和交流。对于一些技术能力较弱的学生来说,可能需要额外的学习和适应时间。

## 四、混合式教学法在高校英语翻译教学中的应用

### (一)混合式教学法在高校英语翻译教学中的实施策略

#### 1.创造合适的学习环境

在混合式教学法中,创造一个符合学生学习需求的环境至关重要。学校可以建设实验室或教室,配备相应的设备和技术支持,使学生能够轻松地获取网络资源、参与线上讨论和互动。此外,学校还需提供良好的网络环境,确保学生能够顺利地进行在线学习。

#### 2.设计丰富的学习任务

传统的翻译教学往往以课堂讲解和习题练习为主,但在混合式教学中,学生需要更多主动参与和自主学习。因此,教师需要设计一系列丰富多样的学习任务,包括实践性的翻译项目、小组合作作业、翻译实训等,以激发学生的学习兴趣和动力,培养学生的翻译能力和实践能力。

#### 3.提供多样化的学习资源

混合式教学法的一个重要特点就是充分利用互联网和现代技术,为学生提供丰富的学习资源。学校可以建设在线学习平台,通过网络课程、学习资料、电子图书等形式,为学生提供全方位、多角度的学习资源。教师还可以引导学生利用网络搜索引擎、翻译工具和数据库等工具,深入挖掘和研究相关的资料和领域,以提升学生的信息检索和分析能力。

#### 4.引入交互式教学工具

在混合式教学中,教师可以引入各类交互式教学工具,如在线讨论平台、虚拟实验室、多媒体课件等,以增强学生的参与度。通过这些工具,学生可以与教师和同学进行实时的交流和合作,共同解决问题和探讨翻译策略,从而提高学习效果和交流能力。

### (二)混合式教学法在高校英语翻译教学中的具体实施

在混合式教学中,教师需要充分利用教育技术和网络平台,为学生提供丰富的学习资源和教学工具。通过使用多样化的教学软件、在线课程和互动教学平台,学生可以在不受时间和地点限制的情况下进行学习。例如,教师可以录制教学视频,让学生自主观看和学习;还可以设置在线讨论,促进学生之间的互动和合作。

混合式教学法的实施要注重学生的主动参与和自主学习。教师应该鼓励学生通过自主阅读、翻译实践和团队合作等方式提高翻译能力。例如,在翻译实践中,学生可以根据自己的兴趣选择适合的翻译内容进行实践,从而增强学习的针对性和实际应用能力。此外,教师还可以组织学生进行小组讨论和对等评估,促进学生之间的互动和学习效果的提升。

混合式教学法的实施还需要结合实际教学情境和学生的需求进行灵活调整和改进。教师可以根据学生的学习情况和反馈,及时进行教学策略的调整和优化。例如,针对不同学习水平的学生,教师可以开设不同难度的翻译任务,并提供个性化的指导。

### (三)混合式教学法在高校英语翻译教学中的效果评估

混合式教学法的引入为高校英语翻译教学带来了新的机遇和挑战。在混合式教学中,学生通过在线学习平台进行课程学习,并结合面对面的教学活动进行实践与讨论,以提高其翻译能力。而对混合式教学法的效果进行评估,对于优化教学策略,改进教学方法、提升学生学习效果具有重要意义。

首先,混合式教学法的效果评估需要考虑学生的学习成果和能力提升。通过对学生的翻译作品进行定量和定性的评价,可以客观地衡量学生在课程学习中的成绩和进步。评估可以从词汇运用、语法准确性、语言流畅度等方面进行,以确保学生在翻译实践中达到预期的学习目标。

其次,评估混合式教学法的效果还需要考虑学生的学习体验和满意度。学生对于课程设置、教学资源、教师指导等方面的满意度是评估的重要指标。通过问卷调查、访谈等方式收集学生的反馈和意见,对教学方法进行改进和优化。以提升学生的学习积极性和主动性,增强学生在混合式教学法环境中的学习投入度。

最后,评估混合式教学法的效果还需要综合考虑教师的教学质量和教学效果。教师在引导学生进行翻译实践和讨论时的表现、师生互动的质量、教学反馈的及时性等都对教学效果产生重要影响。通过观察课堂教学、听取学生评价和教学者的专家评价,可以全面地评估混合式教学法的实施效果。

# 第六章 高校英语教学的发展

## 第一节 建构个性化高校英语教学模式

### 一、个性化教学模式

高校英语课程设置要有利于学生个性化的学习，充分考虑学生入学水平以及所面临的社会需求等的差异，要制定科学、系统、个性化的高校英语教学大纲，朝着个性化和自主学习的方向发展，要能够使学生选择适合自己需要的材料和方法进行学习，总的来说，就是个性化地学习，以满足他们(学生)各自不同专业的发展需要。

### 二、个性化与自主性结合

individuality（个性化）和 autonomy（自主性），两个词的基本词义中有“个”和“自”，似乎是异曲同工，但我们理解个性化是指一个人比较固定的与众不同的个性，而自主性则是指一个人独立地与他人无关的自主，两者在各自的语义系统中显然是不同的。

个性化教育是为了满足每个独特的个体的发展需要，使其个性潜力得到充分、全面、和谐发展的教育。个性化的学习应该是建立在基本学习方法之上的更适合个体学习特点，有利于专业方向、个性发展的方法。个性化教学模式依据高校学生的个性特点、智力结构特征，以个别差异为出发点，以学生的兴趣与需要为中心，以学生学习能力与个性发展为最大目标，并在学校常规教育的基础上以学生知识库的构建、个性化学习资料的呈现和自主性学习安排为着力点，进行富有个性特征的培养。

自主性学习也包括了确定学习目标、内容、速度、方式以及对学习过程的监控与评价，但是Holec认为自主性学习有两个前提：①学生有选择和决定自己学习的权利；②有一个适合自主性学习的环境并能对自己的决定承担责任。

然而这些都需要摆脱教学常规管理和教师的指导，学生个体在自我管理的情况下对自己的学习承担责任。显然目前的高校学生还没有这个权力，承担责任更无从谈起。学生无论是个性发展还是自主能力的培养，都受到外部客观世界的激励与制约。如果高校学生完全“独立地自我管理、指导”，那么教师的作用、教学的环境就没有存在的必要了。如果高校学生没有个性特长，就不能满足社会各行业对专门人才的需求。

因此，自主性学习可以看作一个违背教育常规的社会过程，一种在知识构建过程中的权力再分配和在学习过程中参与者角色的再分配，是排除教师作用的一种学习方法。有学者认为，不能把自主学习看成新的教学方法，而是学生把握自己学习的能力。具有自主性的人是客观环境的支配者和控制者，而个性化的内涵是具有独立人格的个体，所以自主性和个性化有本质的区别，前者是学习的手段和过程，充分体现出个体自主性学习的能力；后者是学习的目标和结果，体现出个体专业选择和职业发展方向。而个性化发展需要增强自主性学习的能力，更需要有符合个性化发展的教学环境、课程设置与教师指导。

### 三、以人为本的个性化

高校的英语教学要求分为三个层次，即一般要求、较高要求和更高要求，三个层次的语言技能分别从听、说、读、写、译五方面表现出来。这充分考虑到学生英语实际水平、个性发展、社会需求等，以及注意到人与人个性具有差异性。这些充分体现出以人为本的时代精神，旨在创建和谐的教学环境。

（一）差异性

个体差异的产生可能有各种各样的原因：①意志、个性、专业、兴趣等许多个性心理品质以及非智能方面的差异是主要原因，而这种非量化指标对学生的智能活动的影响在目前的高校英语教学中往往被忽视；②高校英语教学涉及不同的语言技能，技能需求的差异必须反映在每个学生英语知识的个人建构上；③学习评价通常是系统化的，但由于每个学生的学习目标不同、能力各异，就表现出自我评价方面的差异。学生因此会表现出“按需所学”或“各取所需”意愿，他们会对统一的教材、同一个教师、千篇一律的教学方式、不变的学习时间和地点“不屑一顾”。

（二）独创性

独创性是个性化的充分体现，具体表现为以下几点：一是有个性发展的学生会主动参与整个学习的过程，了解常规的教学内容、教学手段和学习方式，并从中选择符合实际的、能满足个人学习需求的方式；二是有敏锐的洞察力、独创的分析问题和解决问题的能力，对教学常规持分析和批判的态度，善于“删除”高校英语教学中对个体不合适的或难以顺应教学要求的内容，通过自主性学习来弥补，而不是“随波逐流”、任凭教师摆布，从而体现出个人的创新能力。

（三）协商性

知识是个体与他人经由协商并达成一致的社会建构，个体主动建构知识不代表可以任意建构，需要经过人际交往的社会过程才能转化为有可能的客观知识，这一过程不可避免地受到社会文化因素的影响。有的学生并不清楚自己的特点和自身学习的需求，这样，自主性就无益于将来的发展。教师要随时观察学生的学习情况，针对学生的个性特点，挖掘个体学习潜能，判定学生的学习倾向，帮助学生发挥个人的创造性，把个性与社会发展的统一要求转化为每一个学生的主观内在动力。

提倡高校英语教学个性化是因为学习个体有个性发展的实际需要和内在动力，国家建设需要个性化人才，而高校英语教学就是要为这种需求和动力增加“润滑剂”，使其运作得更加自如，使学生的个性发展更加全面，使他们的英语学习与个人成长、职业规划和社会需求协调发展。

长期以来，高校英语教学一直重视统一的教学管理、共同的教学大纲、不变的教学手段、全国性的水平测试（CET4、CET6）等大众教育和共同手段，却忽视了已存在的学生个体的种种差异，阻碍了学生的个性发展，削弱了个人独创性。教师面对的并非需求一致、学习目的相同、个性发展一致、职业规划明确、各种教学方式都适应的学生。

## 四、个性化课堂中教师的任务

高校英语教学要体现学生在教学过程中的主体地位和教师在教学过程中的主导作用。显然教师还是教与学过程的组织者和指导者，不能撒手不管，放任学生自学。教师除了传授知识外，还要把育人机制、培养方案和个性发展有机地贯穿于教学之中，注入有限的课堂教学中。这对传统的教学模式提出了新挑战，目的就是要构建和发展相配套的个性化教学模式。以下因素必须考虑其中。

### （一）个性发展与目标定位

为了适合职业规划，增加一技之长，非英语专业的学生都是把高校英语当作“工具”来学习的，将来是否需要英语这一“工具”、这种“工具”能用到什么程度取决于个人的兴趣、社会角色和职业定位。教师确实需要强调听、说、读、写、译五项技能，但绝不能强求统一，绝不能和个人发展与社会的需求相脱节。如果学生的个性发展需求得不到满足，学习的主体作用得不到发挥,这样的教学就是无效的。教师要帮助学生分析自我、树立自信,制定适合学生个人的学习目标。在实施适合个性化学习的计划和方案时,既要保证学生在整个大学期间英语语言水平得到提高,又要有利于满足他们各自不同专业和未来职业的需要。

(二)教学手段与教学资源

高校英语教学要有利于调动教师和学生两方面的积极性,这就要求教师要创新教学手段,允许多样化资源利用。教师需要探索怎样满足学生的个人需求,并根据学生的个人语言能力和兴趣,开设不同的课程,运用不同的教材,采用不同的教学策略,体现英语教学的实用性、知识性和趣味性,让学生灵活选择,调动学生的学习积极性。教师应该和学生协商共建适应个性化学习的策略,尤其要注意成功学生与不成功学生在策略使用方面的差异,在教学中尽可能提供翻译式、启发式、讨论式、抛锚式、支架式、交际式、研究式、自主式等多种策略。学生在选择教师、课程的同时,还可以选择各种文本、声音、图像以及互联网信息资源,完善个性化学习环境。

(三)自主学习与合作学习

目前,部分高校英语教师“演独角戏”的局面还未改变,学生听教师讲似乎是天经地义的,互动活动较为缺乏。问题还在于课堂教学有较多的行政纪律规范,师生都有约束感。知识的建构需要借助教师的帮助、情景的配合,通过学生之间的合作、讨论、交流、互动和必要的信息资源主动建构。因此,知识的传递不局限于师生之间的互动,而是推延至学生之间的互动、新旧知识和经验的互动。学生应当相互交流、取长补短,教师也应参与其中,适时启发学生,使学生在互相促进中共同提高,逐步提高符合个性发展的自主学习能力。

(四)学生自评与教学评估

高校英语课程的评估既有利于改进教学管理、保证教学质量,又有利于学生调整学习策略、改进学习方法、提高学习效率。其包括师生两方面的评估。目前高校教学评价普遍存在两种现象。

第一，学生怕教师“纸质型”考试这个传统的法宝，为了获得相应的学分、避免重修、保住奖学金而机械地、短时地突击记忆应付考试。

第二，教师怕学生的“个性化评教”这个新生事物，评教的过程掺杂着学生较多的个性发展的个别因素，非英语专业的学生特别表现出个体对高校英语学习需求的千姿百态，这使得教师在教学中处于尴尬的境地。

个性化模式应该有配套的个性化评价手段，因此，有关细则对教师的评估不能仅仅依据学生的考试成绩，而应全面考核教师的教学态度、教学手段、教学方法、教学内容、教学组织和教学效果等。

### （五）个性化教学有利于个性化人才培养

个性化体现出个性发展、职业规划和社会需求相结合，是符合当前知识经济、和谐社会需要的较高要求的教学模式。个性化在教育理念上是对自主性的修正，不是排除自主性，目的是使学生既有个性特长又有自学能力。因为教学模式改革成功的一个重要标志就是学生个性化学习方法的形成和学生自主学习能力的发展。学生需要利用语言学习自主性的优势，但更需要富有个性化的方向。

个性化教学模式避免教学过程中的“一刀切”现象，这给高校英语课堂教学、常规教学管理、课程设置、教材选用、评价手段等留出了改革的空间。从事高校英语教学的教师要以相关细则为“纲”，探索并投入高校英语教学改革的主旋律，积极为学生营造有利于其个性发展的学习环境，积极为社会培养懂专业、职业规划明确又掌握一定英语的新型实用人才。

## 第二节 信息技术与高校英语教学融合

传统的高校英语课堂，以“一间教室、三尺讲台、一支粉笔”为模式，教师是主演，学生是观众。这难以激发学生的学习热情、发挥学生的主观能动性，从而弱化了课堂教育的功能。此外，语言的社会交际功能决定着高校英语必然是一门集艺术性、交流性、实践性、应用性于一体的学科。教师就应该积极引进和使用计算机多媒体、网络技术等现代化的教学手段，改善学校的英语教学条件，营造良好的英语学习氛围，激发学生学习英语的自觉性和积极性。在信息化教育环境下，教师就必须成为学生学习资源的提供者和开发者、学生学习能力的引导者和促进者、学生学习过程的沟通者和合作者、教学方法的创新者和反思者、教学活动的设计者和组织者、信息技术的研究者和学习者。深入钻研教材，利用现代信息技术，调动一切可利用的教学资源，投入更多的精力为学生提供丰富、可视化的学习资源，创设开放、动态的交互式教学情景，调动学生的学习积极性、主动性和课堂参与性，引导学生灵活应用英语进行交际，让课堂出彩，不断激发学生的求知欲，让学生真正成为学习的主人，投入其中、学在其中、乐在其中。

## 一、信息技术与英语教学深度融合的内涵

现代教育中信息技术与高校英语教学的深度融合并不仅仅是把信息技术当成单纯的教学辅助手段，而是把信息技术作为一种促进学生自主学习、优化教师教学环境、提升教学质量与效果的工具。教师要主动学习先进的教学理念，充分运用现代教育信息技术，把其作为学生主动学习的认知工具、情景教学的创设工具、教学资源的整合工具，并将这些“工具”运用到教学实践中，使信息技术化成为优质课堂的隐形助推力，成为课程内容的有机部分，以超媒体结构方式组织教学，设计、开发集文字、符号、图形、图像、活动影像和声音等多种因素于一体的教学课件，用多媒体技术解读、模拟或再现传统教学技术无法展示的课本对话或篇章场景、情景。实现信息技术与各种优质教学资源的有机融合，从而优化教学环境，从根本上改变传统的教学模式，大力培养学生收集、获取英语语言信息能力、分析加工

语法句型结构能力、英语交流应用能力、互助协作能力和自主创新能力，充分发挥学生的语言学习主体性、能动性和自觉性。教学中的信息技术应用不仅可以丰富教学内容、改变教学模式、优化课堂，还可以在迎合学生的心理和时代发展特征的基础上，拓展学习空间。学生可以通过手机、iPad 等工具，利用信息技术网络教学平台学习与巩固课堂知识，搜集、预习语言文化背景知识以及学习参考资料等，也可利用信息技术进行自主听、说、读、写、译训练，进一步提高英语语言应用能力，养成自主学习的好习惯。

有效利用信息技术改革高校英语教学，不仅能创建新型教学结构，更可以革新教学思想、观念、理念，深化教学内容、教学方法、教学手段和教学过程的改革，实现教学效果最大化。

利用现代教育技术微信公众号和现代教育技术微信群建立“互励互教式”微课教学平台，可以拓展最初的课内知识点讲授，在“互励互教式”微课教与学下，学生对知识点的掌握、实践能力均有很大进步，思想道德品质也得到了很大的提高。教师从传统知识讲授者转变为知识的引导者，学生从知识的被动接受者转变为学习过程的主动参与者，教与学的过程从课堂延伸至课外，大大提高了学生的自学能力、积极性和主动性。

## 二、信息化环境下高校英语立体化教学模式

### （一）立体化模式在高校英语教学中的作用

#### 1. 带给学生全新的体验

随着网络信息技术的不断深入发展，网络通信技术实现了质的飞跃，在这样的背景下，立体化教学模式应运而生，这种全新的学习方式在某种程度上促进了终身教育的发展，也得到了相关教育学者的认可。在英语教学中构建立体化教学模式系统模型的可行性，主要体现在以下两点。首先，立体

化教学模式能够打破传统学习方式。目前,对于立体化教学模式来说,并没有明确的概念对其定义,它是以网络通信技术为基础,用多种教学方式结合进行学习的一种现代化先进方式。因此,在立体化教学模式系统模型中,不仅包含使用移动设备的学习、扩展实景式学习,跨地点学习同样属于该范畴,立体化教学模式在学校正常教育的基础上,尝试用网络技术来提升教学质量以及管理水平,呈现出其独特性等优势。创建不受时间与空间限制的学习环境,是每位教师共同追求的目标,将立体化教学模式模型引进英语教学中,能让教学遍布各个角落。教师不仅可以将所传授的知识提前上传到平台当中,同时还能将教学信息、教学课件等长期保存到移动设备中,及时共享给平板电脑、笔记本、手机等多种电子设备。立体化教学模式系统能够充分转变原有教学模式,为学生带来全新的学习体验,对教学实效性及学生兴趣的提升具有重要意义。

2.具有很强的适用性

立体化教学模式系统对于语言类学习尤为适合,最早开发的立体化教学模式系统就包含了许多语言类的学习项目。但学习语言并不是一蹴而就的,它涉及的内容种类复杂,相比其他立体化教学模式,语言类的进展与开发相对较为迟缓。随着时间的推移与现代化网络技术的日益成熟,当前,已形成了独立完整的语言系统。21世纪,移动通信设备全面进入了大众消费时期,这一转变为英语立体化教学模式系统模型的构建提供了契机,并且国外许多国家已经提供了较为丰富值得借鉴与参考的研究成果,这让国内学者看到了新希望,他们认为立体化教学模式必然会成为英语学习未来发展的方向。目前,国内英语立体化教学模式软件已较为普遍,比如新浪、搜狐、百度云等影响力较大的网站都相继开发了移动设备的学习软件。新东方英语培训中心,就运用自身开发的独特系统,培养了大量优秀英语专业人才,其教学团队与北大教育研究中心共同编制了适用于英语立体化教学模式的教材,为各大高校构建英语立体化学习模式提供了有力的参考依据。

### (二)信息环境下高校英语立体教学模式的应用策略

#### 1.提高教学资源质量

信息教学是依托信息时代而言的,而信息时代具有交互性、开放性、丰富性等特点。因此,教师应把握信息教学的特点,充分发挥其优势,利用网络的大数据为学生提供丰富的教学资源,凭借网络带给学生的趣味性构建网络课堂。网络课堂能够突破时间、空间的限制,使学生足不出户便能学到知识。但网络教育也有不足之处,对于学习不够主动的学生来说,网络课程无法有效提升学生的学习效率。为此,教师可在网络课程上发布短时教学视频,视频内容设置为上一节课的重点、难点内容以及下一节课重点学习的内容,也可设置为悬念问题,引发学生思考,并在新课开始前对学生进行提问,使学生自发展现自身的学习成果,为新课教学奠定基础。专业化教师队伍是教学环节中最重要的资源之一,而我国部分高校英语教师专业能力不足,无法满足学生的学习需求。为此,大学可为英语教学建设专业化师资队伍,队伍中不仅需要包括专业化本土英语教师以及外籍教师,还需要包含具有信息技能的专业人员。本土英语教师可保障学生对英语知识的充分理解,外籍英语教师可有效提升学生的英语语感,增强学生听、说的能力。而专业信息技术人员可帮助教师利用信息技术手段为学生直观地展现英语知识,从而使教师在课堂上更好地营造教学情境,充分吸引学生的注意力,提升学生学习兴趣。此外,建设专业化教师队伍还需创新原有评估体系,将教师教学能力、教学表现等作为评估指标,同时建立考核机制,筛选专业技能不足的教师,并对其进行培训,使其具备优秀教学技能。此外,高校还需定时为教师开展教学技能培训讲座,及时更新教学内容,真正做到与时俱进,从而提升教学效率。

#### 2.转变教学理念,创新教学模式

信息化教学是一种全新的教学模式,它利用信息资源为学生提供教学

内容，并将学生作为课堂主体，以此培养学生的自学能力与表达能力，甚至是道德情感能力。教师可创建一个英语学习的公众号，每天发布相关知识，并将课堂教学中的重点、难点再次利用有趣的方式为学生展现，同时开放评论功能，学生可在公众号上发布自主的言论与看法。教师可通过评论了解学生对英语的真实看法，也能充分了解学生的学习特点，从而根据学生评论内容满足学生学习需求。英语教学较为枯燥，大部分学生学习兴趣不浓，要想将英语教学转化为学生主动接受的趣味性教学，可利用丰富的信息资源导入新课。导入新课这一教学环节是整个教学体系的基础，对学生是否能够投入课堂之中有着很大的影响力。教师可在导入新课这一环节中，利用信息资源的丰富性与开放性，从不同的方面与角度为学生提供教学资源，并将教学资源用多样的方式呈现给学生，以激发学生的学习兴趣。有时，教师可将教学内容进行筛选，为学生创建有趣的情境，使学生投入情境中，主动参与学习；教师也可利用悬念，诱发学生的学习动机；或利用信息技术手段，为学生营造趣味课堂氛围，为新课讲解做铺垫。在高校英语教学中，会出现较多的教学重点与教学难点，因此，教师要适当挖掘教材的潜在内容，利用信息技术手段为学生创设情境，使学生直观地感受到情境中的语言、环境等，从而使学生融入角色中，引起共鸣。例如在讲解与国外文化相关的教学内容时，教师可利用多媒体课件为学生展现相关国家的整体面貌、风土人情等，并利用多媒体展现所学内容的背景知识，使学生注意力保持集中，积极参与课堂活动。此外，教师也可将学生分为小组，时常询问小组协作类问题，以此培养学生的团队协作能力，并能利用团队工作监督部分学生。

3.建立分层学习系统

分层学习充分实现了现代信息化学习模式与立体化教学模式体系的相互融合，分别按照四个维度进行划分，由下到上依次为数据支持层、学习资源统一标准层、学习服务层以及移动连接层。上层通过利用下层所提供的服务，来实现立体化教学模式有关的功能。

对于各层所具有的功能进行如下描述:数据支持层主要包括校园移动网络环境、信息化学习平台及有关资源,校园网络是立体化教学模式的通信基础及学习环境的保障,而信息化学习平台则为学生提供了丰富的学习资源与海量的知识,两者共同组成了立体化教学模式系统模型的根基。学习资源统一标准层,是以学习的主体对象为主要方式,进而重新构建并组织信息化学习资源,以此来实现无线移动网络技术与学习资源一体化标准。

学习服务层是在上层的基础上,来创建现实的情景认知、信息交融、合作学习等具体功能服务的重要连接零件,且为英语立体化教学模式系统中的学生提供相应的服务应用。最上面的移动连接层,可以让学生通过不同种类的移动客户端,向学习服务层寻求相应的帮助,从而完成整体在移动系统中的学习。

4.建设一体化的移动环境

在构建立体化教学模式系统模型的初期,学校首先应解决两个重要问题,其一是构建能够成为立体化教学模式系统应用与拓展网络环境的载体,其二是搭建适合立体化教学模式系统模型特点的学习资源呈现方式及内部组成结构,并且要对信息化学习资源进行重新组合与建造。新创建的无线网络与有线网络、重新创建的立体化教学模式资源以及信息化学习资源应充分结合,最终形成一体化的信息集成学习环境。英语课程在建设校园网络的过程中,无线网络将会长期成为传统有线网络的扩充,是以区域示范的形式进行布局,造成网络覆盖范围窄、网络信息号不稳定等不良状况,无法满足学生学习英语的需求,降低了学生的学习效率。支撑英语立体化教学模式的校园无线网应具备形式、高效、迅速、拓展等特点。其中形式也就是所谓的网络规模,它主要指的是无线网络在布局上应全面考虑到信号的稳定性以及网络的覆盖范围,分析用户的密集度,确保在学生使用时能够在校园的网络范围中,自由连接无线网,实现移动互联网的现代智能化。

无线网络与5G网络、宽带网络之间要相互衔接,从而实现网络之间共同认证及资料分享、传递,为英语立体化教学模式提供更为广阔的空间。

网络信息技术的飞速发展,不仅改变了学生的生活方式,同时影响着学生的思想价值观念。在传统的教学模式下,学生对学习的兴趣逐渐丧失,立体化教学模式将现代信息技术与传统教学模式相结合,形成适合当代大学生发展,符合时代潮流的教学模式,立体化教学模式具有很强的适应性,能够带给学生全新的体验。通过提高教学资源质量、转变教学理念,创新教学模式、建立分层学习系统、建设一体化的移动环境,能够有效地将立体化教学模式应用在高校英语教学中,从而探索高校英语教学新领域,使学生的发展与社会的需求相契合。

## 第三节 “互联网+”背景下的高校英语教学变革与创新

早在20世纪80年代,录音机等设备就已经运用到高校英语的教学当中。后来,我国的各大高校普及了计算机和网络技术,多元化、丰富的资源为高校英语课堂拓展了新的空间。如今,“互联网+”的时代已经到来,尤其是移动终端如手机的发展和变革,极大地改变了高校学生的学习和生活方式。所以,在“互联网+”的背景下,高校英语教师应顺应时代发展,转变教育思路,积极探索适合目前高校学生需求的教育新模式,以达到更好的教学效果。

### 一、“互联网+”时代高校英语教学面临的挑战

“互联网+”时代在为高校英语教育带来全新理念的同时,也为教学资源、教学方式、教学反馈等方面也带来了诸多困难和挑战。如何有效利用互联网这把双刃剑,是高校英语教育工作者应该思考的。

#### (一)海量的互联网信息利弊皆有

在“互联网+”时代,高校学生真正成为“移动一族”,几乎可以不受时间和地点的限制获取更多、更新的信息,学习生活范围无限扩大。但是教师也

应该看到,部分高校学生自主学习能力较差,互联网时代让学生有限的精力更多地分散在与学习无关的海量信息中,在课堂上低头玩手机的现象时有发生。在传统课堂中,部分学生虽然主动性不强,但迫于老师的“威严”,还是接收了很多知识。但在网络平台等互联网学习模式下,这部分学生就容易“放任自流”,他们的学习时间更加“碎片化”,学习效果不佳。英语作为一门语言学习,必须有大量的时间进行系统性的练习,如何甄别选择信息、将相关知识和扩充的信息结合起来,需要教师和学生的不断摸索。

(二)对教学手段和教学技能提出挑战

传统英语课堂中,是以教师的“教”和学生的“学”为模式,学生大多数时候是被动的。但在互联网时代,微课、慕课、翻转课堂等被越来越多地运用到高校英语教学当中,要求学生课外按照教师准备的教学视频、知识点进行大量的自主学习,而在课堂上则要改变教师和学生的主被动模式,通过生生交流、师生交流实现互动式教学。这就需要教师和学生借助现代教学手段完成角色和定位的转变。在具体实施过程中,往往涉及多种技术的运用,例如翻转课堂就要求教师能制作高水准的教学视频。但是目前多数的高校英语教师教学任务繁重、科研压力较大,不具备相应的技能,进行课程改革和创新的能力与时间明显不足,这也限制了互联网在教学中发挥作用的广度和深度。

(三)高校硬件、教材等资源比较滞后

尽管语音教室、电脑等设备在高校中已经普及,但利用率不高,利用效果也不佳,最多也就是在课堂上由部分同学进行有限的听说练习,播放一些英文短片等,与互联网时代要求的互动式教学所应具备的硬件条件还有较大的差距。另外,目前部分高校使用的英语教材仍然比较陈旧,学生也仍然是死记硬背教材上的单词句型,缺乏学习兴趣,与互联网更是毫不沾边。教材中体现的思想、教学目标、教材选材内容与练习方法对语言材料和教学活动的效果起着至关重要的作用,需要广大高校英语教育工作者有实验性和前瞻性地进行教材改革,以适应时代的发展。

## 二、"互联网+"背景下的高校英语改革思路

目前多媒体技术已经融合进高校英语的课堂,例如语音教室、教学电脑的使用等。在教学中,师生之间也经常利用微博、QQ、微信等方式进行阅读扩展、外文背诵、翻译练习等。但从根本上来说,这只是利用互联网扩充了英语教学的资源和手段,增强了学习的趣味性和便捷性,并不是真正意义上的"互联网+"的教学模式。高校英语教学还是如以前一样:过于重视语法和阅读,听力和口语环境缺乏,围绕CET4、CET6进行测试教学,学生学习英语缺乏积极性等。真正的"互联网+"教育应该是一种充分利用信息技术、区别于传统模式的互动式教学,在高校英语教学的词汇、听说等方面大有可为。

### (一)"互联网+"背景下高校英语词汇教学的改革

英语词汇是高校英语学习中最基础的部分,在大学阶段对词汇量的要求较高。尽管教师和学生都在词汇环节投入了大量的时间和精力,但由于学生基础差别较大、教学方法陈旧,学生对词汇的掌握情况不佳。

在词汇学习中,笔者认为移动智能设备如智能手机、平板电脑在这一领域大有作为。目前,高校学生移动智能设备的拥有率近乎为100%,这些设备都能快速接入互联网,而且具有独立的操作系统。大量智能化的第三方软件涌现,也为高校英语词汇的学习奠定了软件基础。教师可以选择合适的学习平台,帮助学生制定学习计划,让学生不受时间和地点的限制,灵活地进行学习。有条件的高校根据自身的实际情况还可以开发英语词汇学习的App,帮助学生更好地掌握英语词汇。

必须指出的是,运用移动智能设备进行英语词汇的学习要注意以下几个问题:第一,要重视软件的甄别。目前,可供选择的教学App比比皆是。

笔者在某款手机的“应用商店”中以“英语词汇”为关键词进行搜索，发现大学阶段适用的App就达50余款。这些软件虽然有共同之处，但也存在巨大差异。因此教师要选择系统性强、适合高校学生的学习平台，并精心设计学习环节。第二，要注重学习效果的反馈。利用移动智能设备进行词汇学习并不是放弃传统课堂的功能。相反，传统课堂需重新定位，在课堂上完成课外学习情况的反馈。通过设计任务、完成试卷等方式，检查学生的学习情况，及时发现问题。第三，借助网络平台建立科学适宜的学习评价体系，为教学活动的开展和结论提供参考依据，也让学生更全面地了解自己的学习态势。这样，教师才能将课内外有机地结合起来，达到更好的教学效果。

（二）“互联网+”背景下高校英语听说教学的改革

英语听说一直是我国高校学生的软肋，长期以来过于重视语法、阅读、作文等的练习，造成很多学生对于这门语言“张不开嘴”，听说能力低下。英语听说的教学主要依赖于情境教学，传统课堂的情境是通过文字来构建的。而在互联网中，丰富的语言、视频内容可以作为很好的教学素材，而且与词汇学习一样，移动终端将学生从语音教室、教学电脑中“解放”出来，可以随时随地接受语言的学习熏陶。一方面，可以利用互联网进行英语听力的培养。目前，互联网中有大量的英语听力素材。教师要根据相关知识点指导学生选择合适的材料进行听力的练习，如日常会话、情景模拟、英文影视歌曲等，注意剔除互联网中的不良信息，通过优质信息提高学生的听力水平。另一方面，可以利用互联网进行英语口语的培养。通过互动平台与世界各地说英文的人进行多样化、常态化的交流，了解英语的用语习惯，通过提高接触水平练习口语，做到敢说、能说、说好。另外，师生之间在课外也可以通过互联网组织讨论、演讲、测试等，扩大师生交流的空间。

新技术、新手段的运用为教学改革带来了前所未有的机遇和挑战，尤其在互联网技术日新月异的今天，需要召唤有实验精神的教师和学生迎接教学探究的浪潮,拓展学习的空间。

高校英语是大学阶段的重要课程,目前大多数高校都开设了长达两个学年、每学期4~6个学分的英语课程,涉及除英语专业外的其他各个专业,学生的英语基础千差万别。高校英语作为一门语言课程,应用性极强,需要长期系统性的学习和训练。互联网为高校英语的教学开辟了全新的视野,教师和学生都应该有充分的心理和技能准备,不断在教和学的技能、教学手段等方面提高自己的认知与实践水平。

## 参考文献


[1] 应慧.大学英语教学改革研究[M].青岛:中国海洋大学出版社,2023.04.

[2] 王盼盼.英语教学与教师职业素养研究[M].长春:吉林大学出版社,2023.01.

[3] 韩艳.新时期高校英语教学及发展研究[M].长春:吉林出版集团股份有限公司,2023.03.

[4] 申慧丽,刘鹏,杨洁.跨文化视域下高校英语教学转型与创新[M].北京:中国书籍出版社,2023.01.

[5] 孟佳莹.当代英语教学发展与教师职业素养培养的研究[M].北京:北京工业大学出版社,2023.04.

[6] 苏婷婷,董霞,靳慧敏.互联网背景下的大学英语教学创新研究[M].北京:中国书籍出版社,2023.01.

[7] 杨蕾.互联网时代高校英语教学思路创新与发展研究[M].北京:中国商务出版社,2023.04.

[8] 张菡.互联网时代英语教学与信息技术的融合应用[M].北京:中国书籍出版社,2023.02.

[9] 郭孟媛,刘煜丽.新时代大学英语教学理论创新研究[M].北京:中国书籍出版社,2023.03.

[10] 王怡.高校英语教学改革与复合型英语人才培养研究[M].北京:北京工业大学出版社,2023.04.

[11] 刘方方,岳宝华,禹琳琳.教育信息化背景下高校英语教学理论体系的建构与探索[M].北京:中国书籍出版社,2023.01.

[12] 袁园.信息化背景下的大学英语教学改革研究[M].哈尔滨:哈尔滨出版社,2023.03.

[13] 肖玲,郑苏英,石丹丹.英语教学研究与实践[M].延吉:延边大学出版社,2022.08.

[14] 李小莉.高校英语教学理论与实践[M].延吉:延边大学出版社,2022.03.

[15] 范燕丽.英语教学设计基础与教学策略研究[M].长春:吉林出版集团股份有限公司,2022.06.

[16] 高芳,李敏.信息化环境下的英语教学研究[M].北京:中国商务出版社,2022.07.

[17] 周嫚,段潇乐,马燕.高校英语教学的基础理论与应用研究[M].长春:吉林出版集团股份有限公司,2022.10.

[18] 孙婕.高校英语教学理论及实务研究[M].长春:吉林人民出版社,2022.01.

[19] 周雪.多元视阈下的大学英语教学研究[M].北京:中国商业出版社,2022.01.

[20] 李慧.我国高校英语教学模式研究[M].吉林出版集团股份有限公司,2022.08.

[21] 张鸽.大学英语教学模式创新与发展研究[M].北京:经济日报出版社,2022.09.

[22] 范云.大学英语教学模式创新与研究[M].长春:吉林人民出版社,2022.08.

[23] 简洁,高原,刘娜.高校英语教学方法新编[M].长春:吉林大学出版社,2022.05.

[24] 杨淑玲,李卉琼,高绪华.英语教学研究[M].天津:天津科学技术出版社,2021.04.

[25] 丁煜.大学英语教学多维探究[M].武汉:华中科技大学出版社,2021.10.

[26] 廖丹璐.基于教学改革的大学英语教学实践[M].北京:北京工业大学出版社,2021.10.

[27] 杜羽洁,史红霞.高校英语教学模式创新与发展研究[M].北京:北京工业大学出版社,2021.10.

[28] 王春霞.英语教学模式改革与创新研究[M].长春:吉林人民出版社,2021.11.

[29] 霍瑛.多元文化视域下的大学英语教学[M].长春:吉林人民出版社,2021.10.

[30] 刘媛.新时代高校英语教学研究[M].北京:北京工业大学出版社,2021.10.

[31] 张颖.多元视角下大学英语教学探索[M].北京:现代出版社,2021.09.

[32] 何柳青.计算机网络视角下的英语教学探究[M].成都:四川大学出版社,2021.03.

[33] 高红梅,管艳郡,朱荣萍.高校英语教学创新性研究[M].长春:吉林人民出版社,2021.06.

[34] 陈细竹,苏远芸.大学英语教学模式的革新与发展研究[M].长春:吉林人民出版社,2021.06.

[35] 马潇.互联网时代下高校英语教学研究[M].北京:北京工业大学出版社,2021.12.

[36] 辛坤平,刘曦,李燚.英语教学思维创新与翻译研究[M].汕头:汕头大学出版社,2021.

[37] 张景.英语教学方法新探索[M].长春:吉林出版集团股份有限公司,2021.07.

**图书在版编目（CIP）数据**

高校英语教学方法及应用研究 / 文熹萌，洪少贤著.
-- 湘潭 : 湘潭大学出版社，2024.4
ISBN 978-7-5687-1407-5

Ⅰ. ①高… Ⅱ. ①文… ②洪… Ⅲ. ①英语－教学研究－高等学校 Ⅳ. ①H319.3

中国国家版本馆 CIP 数据核字（2024）第 051722 号

**高校英语教学方法及应用研究**

GAOXIAO YINGYU JIAOXUE FANGFA JI YINGYONG YANJIU

**文熹萌 洪少贤 著**

**责任编辑：** 刘文情
**封面设计：** 张 波
**出版发行：** 湘潭大学出版社
**社　　址：** 湖南省湘潭大学工程训练大楼
**电　　话：** 0731-58298960 0731-58298966（传真）
**邮　　编：** 411105
**网　　址：** http://press.xtu.edu.cn/
**印　　刷：** 长沙鸿和印务有限公司
**经　　销：** 湖南省新华书店
**开　　本：** 710 mm×1000 mm 1/16
**印　　张：** 11.5
**字　　数：** 203 千字
**版　　次：** 2024 年 4 月第 1 版
**印　　次：** 2024 年 4 月第 1 次印刷
**书　　号：** ISBN 978-7-5687-1407-5
**定　　价：** 60.00 元